러시아어
토르플 1급
실전 모의 고사

러시아어 토르플 1급 실전 모의 고사
❶

초판 1쇄 2016년 02월 29일
초판 4쇄 2023년 05월 17일

지은이 Н.М. Румянцева, С.Г. Костина, А.Г. Жиндаева, И.С. Гусева

펴낸이 김선명
펴낸곳 뿌쉬낀하우스
책임편집 이은희
편집 김영실, 김성원, Evgeny Shtefan
디자인 박은비

주소 서울시 중구 퇴계로20나길 10, 신화빌딩 202호
전화 02) 2237-9387
팩스 02) 2238-9388
홈페이지 www.pushkinhouse.co.kr

출판등록 2004년 3월1일 제2004-0004호
ISBN 978-89-92272-65-0 14790
       978-89-92272-64-3 (세트)

© ЗАО «Златоуст», 2015
Настоящее издание осуществлено по лицензии, полученной от ЗАО «Златоуст»
© Pushkin House, 2016

이 책의 한국어판 저작권은 «Златоуст» 출판사와 독점 계약한 뿌쉬낀하우스에 있습니다.
저작권법에 의해 한국 내에서 보호를 받는 저작물이므로 무단 전재와 무단 복제를 금합니다.

Тест по русскому языку как иностранному
Первый сертификационный уровень

토플 고득점을 위한 모의고사 시리즈

TORFL
러시아어
토르플 1급
실전 모의 고사 1

Н.М. Румянцева, С.Г. Костина, А.Г. Жиндаева, И.С. Гусева 지음

뿌쉬낀하우스

contents

토르플 길라잡이 _6

1부 테스트

Субтест 1.   ЛЕКСИКА. ГРАММАТИКА 어휘, 문법 영역   _11

Субтест 2.   ЧТЕНИЕ 읽기 영역   _35

Субтест 3.   АУДИРОВАНИЕ 듣기 영역   _48

Субтест 4.   ПИСЬМО 쓰기 영역   _56

Субтест 5.   ГОВОРЕНИЕ 말하기 영역   _60

2부 정답

어휘, 문법 영역 정답   _69

읽기 영역 정답   _73

듣기 영역 정답 및 녹음 원문   _74

쓰기 영역 예시 답안   _81

말하기 영역 예시 답안   _86

첨부: 답안지 МАТРИЦА   _99

1. 토르플 시험이란?

토르플(TORFL)은 'Test of Russian as a Foreign Language'의 약자로 러시아 교육부 산하기관인 '러시아어 토르플 센터'에서 주관하는 외국인 대상 러시아어 능력 시험이다. 기초 단계에서 4단계까지 총 여섯 단계로 나뉘어 있으며 시험 과목은 어휘·문법, 읽기, 듣기, 쓰기, 말하기의 다섯 영역으로 구성되어 있다. 현재 토르플은 러시아 내 대학교의 입학 시험, 국내 기업체, 연구소, 언론사 등에서 신입사원 채용 시험 및 직원들의 러시아어 실력 평가를 위한 방법으로 채택되고 있다.

2. 토르플 시험 단계

토르플 시험은 기초단계, 기본단계, 1단계, 2단계, 3단계, 4단계로 나뉘어 있다.

- 기초단계 (элементарный уровень)
  일상생활에서 필요한 최소한의 러시아어 구사가 가능한 가장 기초 단계이다.

- 기본단계 (базовый уровень)
  일상생활에서 필요한 기본적인 의사 소통이 가능한 단계이다.

- 1단계 (I сертификационный уровень)
  일상생활에서의 자유로운 의사소통뿐만 아니라, 사회, 문화, 역사 등의 분야에서 러시아인과 대화가 가능한 공인단계이다. 러시아 대학에 입학하기 위해서는 1단계 인증서가 필요하며, 국내에서는 러시아어문계열 대학졸업시험이나 기업체의 채용 및 사원 평가 기준으로도 채택되고 있다.

- 2단계 (II сертификационный уровень)
  원어민과의 자유로운 대화뿐만 아니라, 문화, 예술, 자연과학, 공학 등 전문 분야에서도 충분히 의사소통이 가능한 공인단계이다. 2단계 인증서는 러시아 대학의 비어문계 학사 학위 취득을 위한 요건이며 석사 입학을 위한 자격 요건이기도 하다. 1단계와 마찬가지로 국내에서는 러시아어문계열 대학졸업시험이나 기업체의 채용 및 사원 평가 기준으로도 채택되고 있다.

· 3단계 (III сертификационный уровень)
사회 전 분야에 걸쳐 고급 수준의 의사소통 능력을 지니고 있어 러시아어로 전문적인 활동이 가능한 공인단계이다. 러시아 대학의 비어문계열 석사와 러시아어문학부 학사 학위를 취득하기 위해서 3단계 인증서가 필요하다.

· 4단계 (IV сертификационный уровень)
원어민에 가까운 러시아어 구사 능력을 지니고 있는 가장 높은 공인단계로, 이 단계의 인증서를 획득하면 러시아어문계열의 모든 교육과 연구 활동이 가능하다. 4단계 인증서는 러시아어문학부 석사, 비어문계열 박사, 러시아어 교육학 박사 등의 학위를 취득하기 위한 요건이다.

3. 토르플의 시험영역

토르플 시험은 어휘·문법, 읽기, 듣기, 쓰기, 말하기의 다섯 영역으로 구성되어 있다.

· 어휘·문법 영역 (ЛЕКСИКА. ГРАММАТИКА)
객관식 필기 시험으로 어휘와 문법을 평가한다. (*사전 이용 불가)

· 읽기 영역 (ЧТЕНИЕ)
객관식 필기 시험으로 주어진 본문과 문제를 통해 독해 능력을 평가한다. (*사전 이용 가능)

· 듣기 영역 (АУДИРОВАНИЕ)
객관식 필기 시험으로 들려 주는 본문과 문제를 통해 이해 능력을 평가한다. (*사전 이용 불가)

· 쓰기 영역 (ПИСЬМО)
주관식 필기 시험으로 주제에 알맞은 작문 능력을 평가한다. (*사전 이용 가능)

· 말하기 영역 (ГОВОРЕНИЕ)
주관식 구술 시험으로 주어진 상황에 적합한 말하기 능력을 평가한다. (*사전 이용이 가능한 문제도 있음)

4. 토르플 시험의 영역별 시간

구분	기초 단계	기본 단계	1단계	2단계	3단계	4단계
어휘·문법 영역	50분	50분	60분	90분	90분	60분
읽기 영역	50분	50분	50분	60분	60분	60분
듣기 영역	30분	30분	35분	35분	35분	45분
쓰기 영역	40분	50분	60분	55분	75분	80분
말하기 영역	25분	40분	60분	45분	45분	50분

*토르플 시험의 영역별 시간은 시험 시행기관마다 조금씩 다를 수 있습니다.

5. 토르플 시험의 영역별 만점

구분	기초 단계	기본 단계	1단계	2단계	3단계	4단계
어휘·문법 영역	100	110	165	150	100	141
읽기 영역	120	180	140	150	150	136
듣기 영역	100	180	120	150	150	150
쓰기 영역	80	80	80	65	100	95
말하기 영역	130	180	170	145	150	165
총 점수	530	730	675	660	650	687

6. 토르플 시험의 합격 점수

구분	기초 단계	기본 단계	1단계	2단계	3단계	4단계
어휘·문법 영역	75-100점 (66%이상)	82-110점 (66%이상)	109-165점 (66%이상)	99-150점 (66%이상)	66-100점 (66%이상)	93-141점 (66%이상)
읽기 영역	90-120점 (66%이상)	135-180점 (66%이상)	92-140점 (66%이상)	99-150점 (66%이상)	99-150점 (66%이상)	89-136점 (66%이상)
듣기 영역	75-100점 (66%이상)	135-180점 (66%이상)	79-120점 (66%이상)	99-150점 (66%이상)	99-150점 (66%이상)	99-150점 (66%이상)
쓰기 영역	60-80점 (66%이상)	60-80점 (66%이상)	53-80점 (66%이상)	43-65점 (66%이상)	66-100점 (66%이상)	63-95점 (66%이상)
말하기 영역	98-130점 (66%이상)	135-180점 (66%이상)	112-170점 (66%이상)	96-145점 (66%이상)	99-150점 (66%이상)	108-165점 (66%이상)

1부 테스트

Субтест 1. ЛЕКСИКА. ГРАММАТИКА

Инструкция к выполнению теста

- Время выполнения теста – 60 минут. Тест включает 165 заданий.

- При выполнении теста пользоваться словарём нельзя.

- Вы получили тест и матрицу. Напишите ваше имя и фамилию, страну, дату тестирования на матрице.

- В тесте слева даны предложения (1, 2 и т. д.), а справа – варианты ответов на выбор.

- Выберите правильный вариант и отметьте соответствующую букву в матрице.

Например:

| А | Ⓑ | В | Г |

(Б - правильный вариант).

Если Вы ошиблись и хотите исправить ошибку, сделайте так:

(В - ошибка, Б – правильный вариант).

Отмечайте правильный выбор только в матрице, в тесте ничего не пишите (проверяется только матрица).

ЧАСТЬ 1

Задания 1–21. Выберите правильный вариант.

1. Для своей невесты Антон купил красивый _____ .	(А) балет (Б) букет (В) билет (Г) буклет
2. Эти кроссовки ему _____ .	(А) младше (Б) меньше (В) малы (Г) маленькие
3. Сохранить мир на Земле – _____ .	(А) сложный пример (Б) сложная задача (В) сложная теорема (Г) сложная проблема
4. Отец часто смотрит новости _____ .	(А) по телевизору (Б) по телефону (В) по радио (Г) по газете
5. _____ будут каникулы.	(А) Скоро (Б) Быстро (В) Сразу (Г) Скорее
6. На уроке студенты внимательно слушали _____ преподавателя.	(А) обсуждение (Б) объявление (В) объяснение (Г) заявление
7. – Осторожно, двери закрываются, _____ станция метро – «Беляево».	(А) следующая (Б) новая (В) будущая (Г) наступающая

8. Моя бабушка всегда пьёт _____ чай.	(А) сильный (Б) крепкий (В) здоровый (Г) строгий
9. _____ корреспондент газеты «Новости» взял интервью у нового президента.	(А) Особенный (Б) Специальный (В) Особый (Г) Главный
10. На ежегодный конкурс песни приехали певцы из _____ городов России.	(А) разнообразных (Б) различных (В) разных (Г) многочисленных
11. – _____ человек, пожалуйста, помогите мне перейти через дорогу, – попросил старик.	(А) Юный (Б) Молодой (В) Младший (Г) Добрый
12. В магазине _____ мать купила сыну сапоги.	(А) «Одежда» (Б) «Обувь» (В) «Книги» (Г) «Игрушки»
13. Что ты будешь делать _____ работы?	(А) после (Б) перед (В) на (Г) с
14. Чтобы успеть в аэропорт, мы _____ такси.	(А) оставили (Б) остановили (В) остановились (Г) остались

15. – Маргарита, ты _____ , как позвонить в редакцию журнала «Русский мир»?	(А) можешь (Б) знаешь (В) умеешь (Г) хочешь
16. Мы с подругой _____ пойти в театр завтра.	(А) договорились (Б) сказали (В) говорили (Г) говорим
17. Артисты из Южной Америки с удовольствием _____ о своей поездке в Россию.	(А) помнят (Б) напоминают (В) вспоминают (Г) запоминают
18. В ресторане мы _____ меню у официанта.	(А) спросили (Б) задали вопрос (В) попросили (Г) сказали
19. – Как _____ спектакль, на который ты меня пригласил?	(А) называют (Б) называется (В) зовут (Г) зовётся
20. – Виталий, _____ , пожалуйста, розы в вазу.	(А) повесь (Б) поставь (В) положи (Г) клади
21. Мои сёстры уже давно _____ .	(А) женились (Б) женаты (В) замужем (Г) поженились

Задания 22–25. Выберите все возможные варианты ответа.

22. _____ летит быстро.	(А) Время (Б) Самолёт (В) Интернет (Г) Экзамен
23. Как сказать «здравствуйте» _____ ?	(А) на английский язык (Б) по-английски (В) на английском языке (Г) английский
24. Учёные изучают _____ книги, чтобы узнать, как люди жили раньше.	(А) старинные (Б) старшие (В) древние (Г) старые
25. – Желаю вам _____ ночи!	(А) доброй (Б) тихой (В) спокойной (Г) хорошей

ЧАСТЬ 2

Задание 26–77. Выберите правильную форму.

26. Посмотрите, какой _____ красивый букет цветов!	(А) на неё (Б) у неё (В) на ней (Г) с ней

27. Я встретился _____ в библиотеке.	(А) у нашего преподавателя (Б) нашего преподавателя (В) наш преподаватель (Г) с нашим преподавателем
28. – Скажите, пожалуйста, _____ можно доехать до метро?	(А) этот трамвай (Б) у этого трамвая (В) с этим трамваем (Г) на этом трамвае
29. – Простите, это кабинет _____ ?	(А) у Алексея Ивановича (Б) Алексею Ивановичу (В) Алексея Ивановича (Г) с Алексеем Ивановичем
30. В коридоре мы встретили _____ .	(А) высокого юноши (Б) высокого юношу (В) высокому юноше (Г) высокий юноша
31. – А вы ходили _____ ?	(А) в новый планетарий (Б) к новому планетарию (В) о новом планетарии (Г) у нового планетария
32. – Сандра, ты уже получила _____ ?	(А) своего багажа (Б) свой багаж (В) своим багажом (Г) своему багажу

33. Мой друг часто посещает _____ .	(А) Московскую консерваторию (Б) в Московской консерватории (В) Московская консерватория (Г) в Московскую консерваторию
34. Научная конференция проходила _____ .	(А) в студенческую библиотеку (Б) к студенческой библиотеке (В) у студенческой библиотеки (Г) в студенческой библиотеке
35. Перед полётом в космос космонавты всегда приходят _____ в Москве.	(А) на Красной площади (Б) на Красную площадь (В) у Красной площади (Г) по Красной площади
36. Дети гордятся _____ .	(А) своей матерью (Б) свою мать (В) своей матери (Г) о своей матери
37. Визу в Россию можно получить _____ .	(А) в российское посольство или в консульство (Б) российское посольство или консульство (В) в российском посольстве или в консульстве (Г) у российского посольства или у консульства

38. _____ мой сын занимается рисованием.	(А) Свободное время (Б) О свободном времени (В) В свободное время (Г) Свободного времени
39. Инна всегда _____ ходит в Дом музыки.	(А) с большим удовольствием (Б) большое удовольствие (В) от большого удовольствия (Г) к большому удовольствию
40. В отпуск мы обычно едем отдыхать _____ .	(А) на Чёрном море (Б) по Чёрному морю (В) у Чёрного моря (Г) на Чёрное море
41. _____ всегда приятно получать поздравления с праздником.	(А) Для пожилых людей (Б) Пожилым людям (В) С пожилыми людьми (Г) Пожилых людей
42. Летом в жаркую погоду _____ увозят из больших городов.	(А) маленькие дети (Б) маленьким детям (В) маленьких детей (Г) маленькими детьми
43. Выпускники прошлых лет пришли на ежегодную встречу _____ .	(А) у школьных учителях (Б) для школьных учителей (В) о школьных учителях (Г) со школьными учителями

44. Недавно в Лондоне открылась выставка _____ России.	(А) известные художники (Б) известных художников (В) у известных художников (Г) с известными художниками
45. В поездку по русским городам я отправился _____ .	(А) с моими друзьями (Б) о моих друзьях (В) мои друзья (Г) у моих друзей
46. На нашем заводе есть много _____ .	(А) опытных рабочих (Б) опытным рабочим (В) опытные рабочие (Г) опытными рабочими
47. Во время экскурсии мы посетили _____ .	(А) в нескольких музеях (Б) несколько музеев (В) нескольких музеев (Г) в несколько музеи
48. Все дети любят рисовать _____ .	(А) с цветными карандашами (Б) цветные карандаши (В) из цветных карандашей (Г) цветными карандашами
49. В энциклопедии рассказывается _____ Отечественной войны 1812 года в России.	(А) со всеми героями (Б) о всех героях (В) ко всем героям (Г) у всех героев

50. На занятиях по музыкальной фонетике студенты часто поют _____ .	(А) о русских народных песнях (Б) русские народные песни (В) в русских народных песнях (Г) русских народных песен
51. В спортивном клубе состоялась пресс-конференция с участием _____ .	(А) олимпийские чемпионки (Б) олимпийских чемпионок (В) к олимпийским чемпионкам (Г) об олимпийских чемпионках
52. Зимой в Москве холодно, поэтому людям надо покупать много _____ .	(А) тёплых вещей (Б) в тёплых вещах (В) тёплые вещи (Г) с тёплыми вещами
53. У Ахмеда пять _____ .	(А) старшими сёстрами (Б) старшим сёстрам (В) старшие сёстры (Г) старших сестёр
54. Известные композиторы часто пишут музыку _____ .	(А) на музыкальные кинокомедии (Б) о музыкальных кинокомедиях (В) в музыкальные кинокомедии (Г) для музыкальных кинокомедий

55. На сцене выступали девушки _____ .	(А) с красивыми платьями (Б) в красивые платья (В) в красивых платьях (Г) из красивых платьев
56. Мой брат любит читать книги _____ .	(А) дальние путешествия (Б) о дальних путешествиях (В) в дальние путешествия (Г) дальних путешествий
57. – Илья, сколько _____ ты можешь выучить за день?	(А) английские слова (Б) английских словах (В) английским словам (Г) английских слов
58. Он угостил нас _____ .	(А) с вкусными пирожными (Б) вкусные пирожные (В) вкусными пирожными (Г) про вкусные пирожные
59. – Ты знаешь, _____ сегодня день недели?	(А) какой-то (Б) который (В) какой (Г) какой-нибудь
60. Денис сфотографировался _____ девушками.	(А) две (Б) к двум (В) с двумя (Г) двумя

61. Моя сестра _____ меня на несколько лет.	(А) молодая (Б) моложе (В) самая молодая (Г) молодо
62. _____ уже произошло много важных событий.	(А) 21-го века (Б) В 21-й век (В) В 21-м веке (Г) 21-й век
63. _____ в нашем городе пройдёт молодёжный фестиваль.	(А) На следующую неделю (Б) О следующей неделе (В) На следующей неделе (Г) За следующую неделю
64. Джон прожил в России пять _____ .	(А) годы (Б) лет (В) год (Г) года
65. – Коля, ты не забыл, что _____ у Жанны день рождения?	(А) первого января (Б) к первому января (В) на первое января (Г) о первом январе
66. – Настя, подожди меня, пожалуйста. Я приду _____ .	(А) пять минут назад (Б) в пять минут (В) через пять минут (Г) до пяти минут

67. Обычно программист составляет такую программу _____ .	(А) к часу (Б) за час (В) в час (Г) на час
68. В общежитии студенты часто ходят в гости _____ .	(А) друг другу (Б) друг с другом (В) друг к другу (Г) друг друга
69. _____ студенты ходят на стадион болеть за свою любимую команду.	(А) Каждая суббота (Б) Каждую субботу (В) Каждой субботы (Г) Каждой субботе
70. – Нина, ты не знаешь, _____ Дима должен встретить на вокзале.	(А) кто (Б) кого (В) с кем (Г) кому
71. – Наташа, уже известно новое расписание на следующий месяц. Теперь мы будем плавать в бассейне только _____ .	(А) до понедельника (Б) по понедельникам (В) на понедельник (Г) к понедельнику
72. – Когда твой отец купил новую машину? – Он купил новую машину _____ .	(А) 2012-го года (Б) в 2012-м году (В) 2012-й год (Г) с 2012-го года
73. Футбольный матч пройдёт _____ .	(А) за август (Б) на август (В) в августе (Г) к августу

74. – Дина, сколько _____ вы переводили этот текст?	(А) дня (Б) дней (В) день (Г) дни
75. Раймонд подготовился к тесту по русскому языку _____ .	(А) за одну неделю (Б) одну неделю (В) на одну неделю (Г) одна неделя
76. Прошло несколько _____ .	(А) месяцы (Б) месяцев (В) месяцам (Г) месяца
77. Бизнесмен хочет приехать в Россию _____ .	(А) за год (Б) год назад (В) на год (Г) в год

ЧАСТЬ 3

Задания 78–127. Выберите правильную форму.

78. Дети любят, когда им _____ новые игрушки.	(А) будут дарить (Б) дарят (В) дарили (Г) подарят

79. – Тише! Здесь нельзя громко _____ .	(А) разговаривать (Б) разговаривает (В) разговаривают (Г) разговариваешь
80. – Мама, я хочу _____ тебя с моими новыми друзьями.	(А) познакомлю (Б) познакомил (В) познакомить (Г) знакомить
81. – Оля, об этом ты должна всем _____ .	(А) рассказать (Б) расскажет (В) расскажи (Г) рассказывать
82. В этом году мы решили _____ по Сибири.	(А) путешествовать (Б) путешествовали (В) путешествуйте (Г) путешествуем
83. В прошлом году я вместе с братом _____ на заводе.	(А) работаю (Б) работаем (В) работал (Г) работали
84. – Давайте _____ в этом кафе.	(А) пообедать (Б) пообедаем (В) пообедайте (Г) обедаем
85. – Вадим, пожалуйста, _____ мне почитать новый детектив.	(А) дай (Б) давай (В) давайте (Г) дать

86. Павел рано ____ спать, потому что в шесть часов утра он должен ехать в аэропорт.	(А) ложился (Б) лёг
87. На школьном стадионе ребята весь вечер ____ в футбол.	(А) играли (Б) сыграли
88. Евгений открыл альбом и ____ нам фотографии.	(А) показывал (Б) показал
89. Учебный год в России ____ в сентябре.	(А) начинает (Б) начинается
90. – Владислав, как ты думаешь, кто из твоих друзей ____ архитектурой?	(А) интересует (Б) интересуется
91. Перед экзаменом она всегда ____ .	(А) волнует (Б) волнуется
92. На вечере известная русская песня «Катюша» ____ иностранными студентами.	(А) исполняла (Б) исполняли (В) исполнялась (Г) исполнялись
93. Через год Джон будет хорошо понимать людей, ____ по-русски.	(А) говоривших (Б) говорят (В) говорящих (Г) сказавших
94. Молодой писатель, ____ в журнале свой первый рассказ, встретился с читателями в библиотеке.	(А) напечатанный (Б) напечатавший (В) напечатал (Г) печатный

95. Обувь, _____ на нашей фабрике, очень популярна среди молодежи.	(А) изготовляемая (Б) изготовленная (В) изготовлена (Г) изготовленные
96. Книга известного русского писателя, _____ на многие языки мира, продаётся в книжном магазине.	(А) переведена (Б) переведённая (В) перевёл (Г) перевели
97. Рядом с моим домом _____ новый универмаг.	(А) открытый (Б) открыт (В) открываемый (Г) открывшийся
98. В прошлом году зимой часто _____ снег.	(А) шёл (Б) ходил
99. – Саша, куда ты _____ вчера вечером?	
100. Журналист _____ на встречу с известным учёным и по пути обдумывал вопросы для интервью.	
101. Навстречу нам на большой скорости _____ машина.	(А) ехала (Б) ездила
102. Лариса _____ в автобусе и все время смотрела в окно.	(А) ехала (Б) ездила
103. – Света, куда ты _____ отдыхать этим летом?	

104. В этот раз Кирилл _____ в Рим из московского аэропорта Внуково.	(А) летал (Б) летел
105. Высоко в небе _____ самолёт.	
106. Этот космонавт несколько раз _____ в космос.	
107. Спортсменка быстро _____ к финишу, потому что очень хотела победить.	(А) бегала (Б) бежала
108. Чтобы быть сильной и здоровой, она каждое утро _____ по стадиону.	
109. Аня быстро _____ к автобусной остановке, чтобы успеть на автобус.	
110. Собаки хорошо _____ .	(А) плавают (Б) плывут
111. По небу _____ облака.	
112. Каждое лето туристы _____ по Волге на теплоходе.	
113. – Петя, кому ты _____ эти розы? – Сестре, у неё день рождения.	(А) носишь (Б) несёшь
114. – Альбина, почему ты не _____ очки, если плохо видишь? – Я не люблю очки.	
115. – Ты всегда _____ все документы с собой? – Нет, только паспорт.	

116. Во время дежурства в больнице врач обязательно _____ всех больных.	(А) заходит (Б) уходит (В) обходит (Г) сходит
117. – Скорее остановите Александра! Он уже _____ .	
118. Майя всегда _____ за мной, когда идёт в университет.	
119. Вчера они _____ старые вещи на дачу.	(А) подвезли (Б) довезли (В) отвезли (Г) провезли
120. Друзья быстро _____ меня до дома.	
121. Кира попросила, чтобы её на такси _____ прямо к станции метро.	
122. Мать _____ ребёнка в детский сад к девяти часам.	(А) приводит (Б) уводит (В) переводит (Г) подводит
123. Экскурсовод _____ туристов к историческому памятнику.	
124. Внук _____ бабушку через дорогу.	
125. Сегодня для участия в конференции _____ учёные из разных стран.	(А) залетают (Б) пролетают (В) прилетают (Г) вылетают
126. – Посмотри! Над нами _____ разноцветные воздушные шары.	
127. Весной, когда окно открыто, иногда к нам в комнату _____ птицы.	

Задания 128–129. Выберите синонимичную форму.

128. Рассматривая фотографии, Алла вспоминала свою юность.	(А) Алла вспомнила свою юность, потом рассмотрела фотографии. (Б) Алла рассмотрела фотографии, потом вспомнила свою юность. (В) Когда Алла рассматривала фотографии, она вспоминала свою юность.
129. Получив письмо от сына, мать сразу начала его читать.	(А) Мать тогда начнёт читать письмо, когда его получит. (Б) Мать сразу начала читать письмо от сына, когда получила его. (В) Мать не прочитала письмо сына, потому что не получила его.

ЧАСТЬ 4

Задания 130–165. Выберите правильный вариант

130. Михаил позвонил девушке, с которой _____ .	(А) идёт новый фильм (Б) подарил цветы (В) написали статью в газете (Г) познакомился в клубе
131. Кинотеатр, в котором _____ , находится в центре Москвы.	

132. Кандидат в президенты, о котором _____, выступит сегодня по телевидению.	(А) идёт новый фильм (Б) подарил цветы (В) написали статью в газете (Г) познакомился в клубе
133. Каждый год Валентина встречается с одноклассниками, вместе _____ училась в школе.	(А) которого (Б) с которыми (В) в котором (Г) которая
134. Актёр рассказал зрителям о фильме, _____ он играл главную роль.	
135. Юноша, _____ вы видели, живёт в моём доме.	
136. _____ плохую погоду, студенты поехали на экскурсию.	(А) Несмотря на (Б) Но (В) Хотя (Г) То
137. _____ проблемы экологии очень актуальны, им уделяется мало внимания.	
138. Спортсмен устал, _____ продолжал бежать к финишу.	
139. Руслан не ложился спать, _____ написал сочинение.	(А) пока (Б) пока не
140. Все были дома, _____ шёл сильный дождь.	
141. – Ася, _____ выздоровеешь, не ходи на работу.	

142. Депутаты парламента собрались _____ обсуждения нового закона.	(А) для (Б) за
143. Студент забыл учебник и вернулся _____ ним в общежитие.	
144. – Игорь, _____ визой в Испанию тебе нужно поехать в визовый центр.	
145. Люди из разных стран могут легко общаться _____ Интернету.	(А) из-за (Б) от (В) благодаря (Г) потому что
146. Она ничего не могла сказать _____ волнения.	
147. Люди стали чаще болеть _____ плохой экологии.	
148. _____ полететь в космос, космонавты долго и серьёзно готовятся к полёту.	(А) Пока (Б) Перед тем как (В) После того как (Г) По мере
149. _____ продолжался эксперимент, учёные вели наблюдения.	
150. _____ мой брат окончил школу, он поступил в университет.	
151. – Ника, не забудь взять телефон, _____ ты будешь уходить.	(А) куда (Б) когда (В) как (Г) где
152. – Артем, ты случайно не видел, _____ я мог положить ключи от машины?	

153. – Извините, вы не знаете, _____ здесь поликлиника?	(А) куда (Б) когда (В) как (Г) где
154. Раньше их сын хотел _____ . **155.** – Как ты думаешь, _____ ? **156.** Родители хотели, _____ .	(А) занимается математикой (Б) чтобы их сын занимался математикой (В) заниматься математикой (Г) будет ли их сын заниматься математикой
157. Он обязательно позвонит тебе, когда _____ домой.	(А) возвращается (Б) вернулся (В) вернётся (Г) возвращаться
158. _____ мальчик сам не научится читать, книги ему будет читать мама.	(А) С тех пор как (Б) Перед тем как (В) До тех пор пока (Г) После того как
159. Татьяна не знала, _____ она билет в Большой театр.	(А) если купит (Б) купит ли
160. _____ у тебя был с собой компьютер, ты бы мог получить эту информацию по Интернету.	(А) Если (Б) Если бы
161. _____ ты использовал эту компьютерную программу, ты бы уже хорошо знал грамматику.	

162. _____ у тебя есть ноутбук, поставь новую программу.	(А) Если (Б) Если бы
163. Несмотря на то что автомобиль – главный загрязнитель воздуха, _____ .	(А) люди ездили бы на велосипедах, а не на машинах (Б) люди никогда не откажутся от личной машины (В) люди ездили на трамваях. (Г) люди пользуются аэроэкспрессами
164. Если бы в нашем городе были хорошие велосипедные дороги, _____ .	
165. Если нужно ехать в аэропорт, а на дорогах пробки, _____ .	

Субтест 2. ЧТЕНИЕ

Инструкция к выполнению теста

- Время выполнения теста – 50 минут.

- При выполнении теста можно пользоваться словарём.

- Тест состоит из 3 текстов, 20 тестовых заданий и матрицы.

- Напишите ваше имя и фамилию, страну, дату тестирования на матрице.

- Выберите правильный вариант и отметьте соответствующую букву в матрице.

Например:

(Б - правильный вариант).

Если Вы ошиблись и хотите исправить ошибку, сделайте так:

(В - ошибка, Б – правильный вариант).

Отмечайте правильный выбор только в матрице, в тесте ничего не пишите (проверяется только матрица).

Задания 1–8. Прочитайте текст 1 – фрагмент из книги «Самые известные российские праздники». Выполните задания после него.

ТЕКСТ 1
Татьянин день

Каждый год 25 января жители России отмечают два праздника.

«Как? – удивитесь вы, – ведь в этот день все люди работают».

Да, конечно, вы правы: это рабочий день, но настроение у всех праздничное.

Почему? Какие же это праздники?

В этот день празднуют именины все женщины, которых зовут Татьяна. Этот праздник называется Татьянин день, потому что у православных христиан 25 января – день святой Татианы. В этот день всех именинниц: девочек, девушек и женщин, которых зовут Татьяна, – обязательно поздравляют с днём ангела, дарят им цветы и маленькие подарки, а вечером в семье, где есть Татьяна, обычно собирают гостей, готовят вкусную еду, пьют вино и празднуют именины.

А ещё 25 января – праздник студентов. Почему? Потому что 25 января 1755 года русская императрица Елизавета Петровна (дочь царя Петра I) подписала указ (закон) об учреждении (открытии) в Москве первого русского университета. Поэтому 25 января считается днём рождения Московского государственного университета (МГУ), а святая Татиана – его покровительницей.

– Каким был первый русский университет, где он находился, кто был его основателем?

Основателем первого русского университета был Михаил Васильевич Ломоносов, известный русский учёный, поэт, писатель. В XVIII веке университет находился в Москве, на Красной площади, там, где сейчас стоит здание Исторического музея.

Первый русский университет был создан по проекту великого русского учёного Ломоносова, и он очень отличался от европейских университетов. «Чем?» – спросите вы.

Во-первых, в университете не было богословского (теологического) факультета, как в других университетах, а было только три факультета:

философский, медицинский и юридический. Все студенты, которые поступали в университет, первые два года должны были учиться на философском факультете, изучать общие предметы: философию, математику, физику, географию, механику, филологию.

После философского факультета студенты могли выбрать или медицинский факультет (там серьёзно изучали биологию и химию), или юридический.

Вторая особенность русского университета была в том, что там преподавали на двух языках: русском и латинском. Во многих университетах Европы преподавали только на латинском языке.

И ещё один интересный факт. М.В. Ломоносов считал, что в университете должны учиться способные и талантливые люди, а их социальное положение не имеет значения. Крестьяне они или дворяне, бедные или богатые – это неважно.

М.В. Ломоносов хотел открыть университет именно в Москве, а не в Санкт-Петербурге. Он считал, что нужно, чтобы университет находился подальше от царского двора и от влияния Академии наук, которая в то время была очень консервативной и в которой было много учёных-иностранцев.

Вот таким был первый русский университет, названный в честь его основателя Михаила Васильевича Ломоносова.

А теперь поговорим о студенческом празднике, который проходит 25 января. Раньше, в XIX веке, в этот день утром в университете проходила торжественная церемония, на которую приезжали высшие власти Москвы. После официальной части студенты выходили на улицу, пели студенческий гимн «Gaudeamus Igitur», шли к Тверскому бульвару, где находился ресторан «Эрмитаж». Хозяин ресторана (в 70-е годы XIX века хозяином был француз Оливье, автор популярного с тех пор в Москве и в России салата, который так и называется – «оливье») отдавал свой ресторан на весь день студентам для празднования. Он убирал из зала дорогую мебель, ставил простые деревянные столы и стулья. 25 января в ресторане готовили только холодные блюда, а в буфете были водка, пиво и дешёвое вино. В этот день вместе со студентами веселились и их любимые преподаватели и профессора. Студенты приглашали также на свой праздник известных и уважаемых писателей, музыкантов, художников, адвокатов. На московских улицах было шумно и весело. Студенты пели и танцевали, а полиция не имела права их наказывать.

Так было раньше, но и сейчас некоторые традиции сохранились. До сих пор в этот день официальная церемония празднования проходит в главном здании Московского государственного университета имени М.В. Ломоносова (МГУ) на Воробьёвых горах, на которую приезжает мэр Москвы. В этот день, как и раньше, на Моховой улице в центре Москвы проходит служба в церкви Святой Татианы, расположенной в старом университетском здании. Вечером для студенческой молодёжи на концертах выступают самые известные артисты. Всю ночь студенты танцуют на дискотеках, пьют шампанское, поют песни. Так же как и раньше, на улицах много полиции, но она не наказывает студентов.

Выберите вариант, который наиболее полно и точно отражает содержание текста.

1. **25 января люди поздравляют именинниц с днём ангела. Они дарят цветы и подарки _____ .**

   (А) всем девочкам, девушкам и женщинам

   (Б) только тем девочкам, девушкам и женщинам, которых зовут Татьяна

   (В) только покровительнице Московского университета, святой Татиане

2. 25 января 1755 года русская императрица Елизавета Петровна подписала указ об открытии в Москве _____ .

(А) первого русского университета

(Б) Исторического музея

(В) ресторана «Эрмитаж»

3. Основателем Московского университета был _____ .

(А) царь Пётр Первый

(Б) француз Оливье

(В) М.В. Ломоносов

4. Первый русский университет отличался от европейских университетов тем, что в нём не было _____ .

(А) юридического факультета

(Б) богословского факультета

(В) медицинского факультета

5. Все поступившие в университет студенты первые два года должны были учиться на _____ .

(А) любом факультете

(Б) медицинском факультете

(В) философском факультете

6. Все предметы в первом русском университете преподавали _____ .

(А) на двух языках: на русском и на латинском

(Б) только на латинском языке, как в европейских университетах

(В) на русском языке, потому что это был родной язык студентов

7. М.В. Ломоносов считал, что в университете должны учиться _____ .

(А) бедные и богатые дворяне

(Б) способные и талантливые люди

(В) только крестьянские дети

8. В XVIII веке Московский университет находился в Москве _____ .

(А) на Красной площади

(Б) в Кремле

(В) на Воробьёвых горах

Задания 9–14. Прочитайте текст 2 – фрагмент из книги «Современные спортивные игры». Выполните задания после него.

ТЕКСТ 2

Во время спортивных соревнований зрители всегда поддерживают спортсменов. Так, ещё во времена Олимпийских игр в Древней Греции зрители активно поддерживали бегунов. В 60-е годы XIX века это стало модным в студенческой среде, особенно среди молодёжи Великобритании, а позднее и в Соединённых Штатах Америки. Там в 1865 году в Принстонском университете был организован первый клуб групп поддержки спортсменов. Но годом рождения черлидинга считается 1898 год. Тогда во время футбольного матча шесть студентов американского университета стояли лицом к зрителям и во время игры кричали специальные кричалки, в которых приглашали всех зрителей активно поддерживать игроков своих любимых команд. Один из профессоров этого университета позднее сказал, что крики нескольких сотен студентов в поддержку своей любимой команды создают положительную энергию и это помогает команде одержать победу, выиграть соревнование.

Однако необходимо было руководить такой группой молодёжи и создавать разнообразные кричалки. Так в Соединённых Штатах Америки появился новый вид спорта – черлидинг.

Слово «черлидинг» произошло от английского слова cheerleading: cheer – одобрительное, призывное восклицание и lead – вести, управлять. Черлидинг – это поддержка спортивных команд во время соревнований группой специально подготовленных людей. Чаще всего этим видом спорта занимаются девушки. Во время игры они должны не только кричать, но и прыгать, танцевать, делать различные гимнастические и акробатические упражнения. Черлидинг в основном распространён в таких игровых видах спорта, как американский футбол, баскетбол, хоккей, лёгкая атлетика и плавание. Черлидеры выступают как во время соревнований, так и в перерывах между периодами игр.

Первым черлидером стал студент первого курса медицинского факультета Джон Кэмпбелл, который во время матча неожиданно подпрыгнул перед болельщиками. После этого черлидеры стали поддерживать свои команды не только словами, но и движениями.

В настоящее время черлидинг приобретает всё бо́льшую популярность и организованность, появляются определённые традиции. Черлидеры не только принимают участие в соревнованиях, встречают и провожают своих любимых спортсменов, но и участвуют в различных спортивных шоу, например в церемонии открытия Олимпийских игр. Черлидеры часто используют барабаны, которые помогают создать необходимый шумовой эффект, а также ленты и специальные бумажные или пластиковые украшения, которые девушки надевают на руки. Сложнее и разнообразнее становится спортивная техника черлидинга, группы поддержки показывают зрителям большие программы с гимнастическими и акробатическими элементами.

Черлидинг становится очень престижным занятием. Некоторые коллективы и отдельные черлидеры популярны так же, как звёзды большого спорта. Получить место в команде черлидеров с каждым годом становится всё труднее. Во многих университетах выплачиваются специальные черлидерские стипендии.

Интересно, что ещё до Великой Отечественной войны (1941–1945 гг.) в Советском Союзе (СССР) существовали группы спортсменов, которые показывали акробатические номера и маршировали с кричалками на спортивных парадах и в театрализованных представлениях.

Первые черлидерские группы в России появились в конце 1990-х годов. В 2008 году черлидинг стал официальным видом спорта и в России, а через год была зарегистрирована Федерация черлидинга России. Наши спортсмены-черлидеры довольно быстро заняли лидирующие позиции в мире. В 2011 году сборная команда России по черлидингу стала чемпионом мира.

Сейчас этим видом спорта занимаются во многих школах России. Ребята с удовольствием ходят на тренировки, потому что черлидинг даёт им возможность заниматься не только спортом, но и танцами и помогает им всесторонне развиваться.

Сегодня черлидинг – это направление спортивной и развлекательной индустрии, которая развивается очень быстро. Черлидинг стал самостоятельным международным видом спорта в таких странах, как Япония, Великобритания, Австралия, Канада и Мексика.

Выберите вариант, который наиболее полно и точно отражает содержание текста.

9. Содержанию текста более всего соответствует название _____ .
   (А) «Олимпийские игры в Древней Греции»
   (Б) «Черлидинг – новый вид спорта и развлекательной индустрии»
   (В) «Звёзды большого спорта»

10. Черлидинг впервые появился _____ .

(А) в Великобритании

(Б) в России

(В) в Соединённых Штатах Америки

11. Черлидеры выступают _____ .

(А) только во время соревнований

(Б) только во время перерыва между соревнованиями

(В) как во время соревнований, так и во время перерывов

12. Черлидеры встречают и провожают своих любимых _____ .

(А) девушек

(Б) зрителей

(В) спортсменов

13. Многие российские ребята с удовольствием занимаются черлидингом, потому что _____ .

(А) они становятся звёздами большого спорта

(Б) они хотят играть на барабанах

(В) они всесторонне развиваются

14. Чемпионом мира по черлидингу в 2011 году стала _____ .

(А) сборная команда России

(Б) сборная команда Австралии

(В) сборная команда Канады

Задания 15–20. Прочитайте текст 3 – фрагмент из биографии великой русской поэтессы М. Цветаевой. Выполните задания после него.

ТЕКСТ 3

Через несколько десятилетий после гибели в 1941 году талантливой русской поэтессы Марины Цветаевой наш современник, поэт Евгений Евтушенко, определил её роль в русской поэзии: «Марина Ивановна Цветаева – выдающийся профессионал». Но так сказал поэт, знающий, уважающий, ценящий законы поэзии, а мы, читатели, говорим совсем другие слова: «Марина Ивановна Цветаева – гордость русской поэзии, уникальный поэт, открывший удивительный мир человеческой души, живущей в ожидании любви».

Она родилась в 1892 году в Москве, в семье ученого-филолога Ивана Владимировича Цветаева, профессора Московского университета, который основал Музей изобразительных искусств имени Пушкина в Москве. Её мать Мария Александровна Мейн была талантливым музыкантом. У Марины и её сестры Аси было счастливое детство, которое закончилось, когда заболела их мать.

Врачи рекомендовали больной жить и лечиться в мягком и тёплом климате за границей, поэтому у семьи Цветаевых началась беспокойная жизнь. Они жили в Италии, Швейцарии, Германии, где девочки учились в разных частных школах-пансионах. 1905 год они провели в Крыму, в Ялте, а летом 1906 года мать умерла в их доме в Тарусе под Москвой. В 14 лет Марина осталась без матери и очень страдала.

Осенью 1906 года она начала учиться в интернате при Московской частной гимназии. В России в то время были популярны демократические и революционные идеи. И конечно же, она увлеклась революционной романтикой. Героями её стихов стали Наполеон, русские генералы Отечественной войны 1812 года, герои романтических произведений европейской литературы.

В семнадцатилетнем возрасте Цветаева пишет, обращаясь к Богу: «Ты дал мне детство лучше сказки. // И дай мне смерть в семнадцать лет!» Тема одиночества и смерти постоянно звучит в её ранних стихах, но не в первых, которые она начала писать с пяти-шести лет, в годы своего счастливого детства.

По стихам Марины Цветаевой можно понять её чувства и настроения в тот или иной период жизни, её интересы и увлечения.

С раннего детства Марина прекрасно знала немецкий и французский языки и писала стихи на русском, французском и немецком языках. Она читала очень много: книги по истории, искусству и научные статьи по истории и филологии.

Первая книга стихов М. Цветаевой «Вечерний альбом» вышла в 1910 году. Её стихи понравились таким известным русским поэтам, как В. Брюсов и М. Волошин. Особенно высоко оценил их поэт Марк Волошин, с которым Марина подружилась несмотря на большую разницу в возрасте. Они дружили всю жизнь.

В 1911 году молодая поэтесса ушла из гимназии и поехала в Крым, в городок Коктебель, где жил поэт Марк Волошин. Его дом всегда был открыт для писателей, поэтов, художников и музыкантов.

Там она познакомилась со своим будущим мужем Сергеем Эфроном. Его родители, которые были революционерами, умерли, и Сергей вырос сиротой. Он был романтичным и доверчивым человеком. Таким он остался до конца жизни. У них начался роман, и в 1912 году Марина Цветаева вышла за Сергея Эфрона замуж. Первые несколько лет замужества были для неё счастливыми: молодые люди очень любили друг друга, у них были общие интересы и увлечения. В эти годы у них родились две дочери – Ариадна и Ирина. В то время Марина написала много стихотворений о любви и счастье, которые успешно издавались. К 1916 году Цветаева была уже известным поэтом.

Шла Первая мировая война. Сергей Эфрон ушёл на фронт, и молодая женщина осталась одна с дочерьми. В этот период, особенно после революции 1917 года, семья жила очень бедно: они голодали, девочки часто болели, и вскоре её младшая дочь умерла.

В 1922 году М. Цветаева уехала жить за границу, где в это время жил и учился в университете Сергей Эфрон, её муж. Начался самый трудный период жизни поэта. Несколько лет семья жила в Германии, Чехии и во Франции. В эмиграции Марина Цветаева очень скучала по родине, много писала о России и не могла решить самый важный для неё вопрос: возвращаться ли ей на родину или нет?

И всё же 12 июня 1939 года она приехала из Франции, где жила последние несколько лет, в Москву, где у неё началась очень трудная и одинокая жизнь. Это было время политических репрессий в СССР. В августе 1939 года арестовали дочь поэта, а в октябре того же года – и мужа. Стихи М. Цветаевой перестали печатать, поэтому ей пришлось зарабатывать деньги на жизнь только переводами.

В 1941 году, в первые месяцы Великой Отечественной войны, М. Цветаева выехала вместе с другими поэтами и писателями из Москвы на Урал. И там она, великий поэт, работала посудомойкой в писательской столовой, чтобы не умереть от голода.

Марина Цветаева не смогла больше жить в одиночестве и нищете, и 31 августа 1941 года она покончила с собой. Так трагически закончилась жизнь великого русского поэта Марины Цветаевой.

Выберите вариант, который наиболее полно и точно отражает содержание текста.

15. Содержанию текста более всего соответствует название _____ .

(А) «Марина Цветаева – поэт и революционный романтик»

(Б) «Жизненный путь поэта Марины Цветаевой»

(В) «Эмиграция поэта Марины Цветаевой»

16. Первая книга стихов М. Цветаевой вышла в _____ .

(А) 1910 году

(Б) 1906 году

(В) 1916 году

17. Одна из главных тем ранних стихов М. Цветаевой – тема _____ .

(А) революционной романтики

(Б) одиночества и смерти

(В) любви и счастья

18. М. Цветаева познакомилась со своим будущем мужем _____ .

(А) в России, в Крыму

(Б) во Франции

(В) в Германии

19. М. Цветаева вернулась из эмиграции на родину, потому что _____ .

(А) её дочери были в России

(Б) её дочь и мужа арестовали

(В) она очень скучала по России

20. Самый трудный период в жизни М. Цветаевой продолжался с _____ .

(А) 1912 по 1922 год

(Б) 1905 по 1911 год

(В) 1922 по 1941 год

Субтест 3. АУДИРОВАНИЕ

Инструкция к выполнению теста

- Время выполнения теста – 35 минут.
- При выполнении теста пользоваться словарём нельзя.
- Тест состоит из 6 аудиотекстов, 30 заданий к ним и матрицы.
- Напишите ваше имя и фамилию, страну, дату тестирования на матрице.
- Вы прослушаете 6 аудиотекстов. Все аудиотексты звучат один раз. После прослушивания текста выберите правильный вариант и отметьте соответствующую букву в матрице.

Например:

(Б - правильный вариант).

Если Вы ошиблись и хотите исправить ошибку, сделайте так:

(В - ошибка, Б – правильный вариант).

Отмечайте правильный выбор только в матрице, в тесте ничего не пишите (проверяется только матрица).

Задания 1–5. Прослушайте аудиотекст 1 – историю из жизни маленького мальчика Димы. Постарайтесь понять, почему он хотел обменять квартиру и переехать жить в старый район. Выполните задания к аудиотексту.

• Время выполнения задания – до 5 минут.

Слушайте аудиотекст 1
(Звучат аудиотекст и задания к нему.)

1. Дима очень любит _____ .

(А) гулять в парке

(Б) ходить в цирк

(В) играть в футбол

2. Сейчас Дима живёт в новом районе, где нет _____ .

(А) цирка

(Б) хороших друзей

(В) реки

3. Дима решил _____ .

(А) посоветоваться с папой и мамой и узнать, что надо делать для обмена квартиры

(Б) хорошо учиться в новой школе

(В) написать и повесить объявления об обмене квартиры в новом районе на квартиру рядом с цирком

4. Каждый день после школы Дима _____ .

(А) играл в футбол

(Б) ходил в цирк

(В) сидел у телефона и делал уроки

5. Отец Димы сказал, что _____ .

(А) рядом с их домом будут строить новый цирк

(Б) они вернутся в старую квартиру

(В) он должен играть в футбол

Задания 6–10. Прослушайте аудиотекст 2 – историю из жизни одного русского бизнесмена. Постарайтесь понять, что случилось с ним во время поездки. Выполните задания к тексту.

• Время выполнения задания – до 5 минут.

Слушайте аудиотекст 2
(Звучат аудиотекст и задания к нему.)

6. Молодой бизнесмен живёт _____ .

(А) в Амстердаме

(Б) в Петербурге

(В) в Париже

7. Он познакомился с девушкой, которая по вечерам работает _____ .

(А) продавщицей

(Б) гидом

(В) переводчиком

8. Молодой человек ездил с девушкой _____ .

(А) по Италии

(Б) по Англии

(В) по Голландии

9. Перед отъездом на родину бизнесмен в последний раз встретился с девушкой _____ .

(А) на центральной площади

(Б) в посольстве

(В) в театре

10. Молодой человек подарил девушке _____ .

(А) духи

(Б) цветы

(В) конфеты

Задания 11–15. Прослушайте аудиотекст 3 – рассказ о конкурсе. Постарайтесь понять, о каком конкурсе идёт речь в данной статье. Выполните задания к аудиотексту.

• Время выполнения задания – до 10 минут.

Слушайте аудиотекст 3
(Звучат аудиотекст и задания к нему.)

11. Недавно в Российском университете дружбы народов прошла интеллектуальная игра _____ .

(А) по русскому языку

(Б) по истории России

(В) по русской культуре

12. _____ год объявлен в России годом российской истории.

(А) 2012

(Б) 2010

(В) 2011

13. Интеллектуальная игра состояла из _____ уровней.

(А) четырнадцати

(Б) пятидесяти

(В) восемнадцати

14. Победителем конкурса становился тот, кто _____ .

   (А) правильно прочитал правила игры

   (Б) набрал наибольшее количество баллов

   (В) хотел проверить свои знания по русскому языку

15. 6-го июня, по традиции, _____ .

   (А) поздравляют победителей конкурса

   (Б) начинается интеллектуальная игра

   (В) можно прочитать правила игры

Задания 16–20. Прослушайте аудиотекст 4 – разговор двух студентов. Постарайтесь понять, что они обсуждали и о чём договорились. Выполните задания к аудиотексту.

• Время выполнения задания – до 5 минут.

Слушайте аудиотекст 4 (диалог)
(Звучат аудиотекст и задания к нему.)

16. Сегодня Марина сдала _____ экзамен.

   (А) первый

   (Б) последний

   (В) второй

17. Марине нужно было выучить _____ .

   (А) двадцать билетов

   (Б) два билета

   (В) одиннадцать билетов

18. Марина сказала Игорю, что сегодня она сдала экзамен _____ .

(А) по философии

(Б) по истории

(В) по литературе

19. Марина получила на экзамене оценку _____ .

(А) «удовлетворительно»

(Б) «отлично»

(В) «хорошо»

20. Завтра Марина с подругой и Игорем поедут _____ .

(А) на стадион «Лужники» на футбол

(Б) в Парк культуры

(В) на дачу с родителями

Задания 21–25. Прослушайте аудиотекст 5 – разговор Павла и Светы. Постарайтесь понять, куда они собираются пойти и какую проблему они обсуждают. Выполните задания к аудиотексту.

- Время выполнения задания – до 5 минут.

Слушайте аудиотекст 5 (диалог)
(Звучат аудиотекст и задания к нему.)

21. Виктор давно увлекается _____ .

(А) теннисом

(Б) пением

(В) музыкой

22. Виктор почти каждый день ходит _____ .

   (А) в шахматный клуб

   (Б) на теннисный корт

   (В) на концерт рок-группы

23. Вечерами Виктор играет в шахматы _____ .

   (А) с ребятами из рок-группы

   (Б) с Павлом

   (В) с отцом

24. Виктор хочет научиться играть _____ .

   (А) на гитаре

   (Б) на рояле

   (В) на скрипке

25. Друзья решили подарить Виктору на день рождения _____ .

   (А) шахматы

   (Б) теннисную ракетку

   (В) гитару

Задания 26–30. Прослушайте аудиотекст 6 – разговор Алекса и Луиса. Постарайтесь понять, куда и с кем ходил Луис. Выполните задания к аудиотексту.

- Время выполнения задания – до 5 минут.

Слушайте аудиотекст 6 (диалог)
(Звучат аудиотекст и задания к нему.)

26. Луис ходил в Музей А.С. Пушкина на выставку _____ .

(А) с другом Алексом

(Б) с соседом Анваром

(В) с братом Мигелем

27. На выставке «Портреты современников А.С. Пушкина» можно увидеть портреты _____ .

(А) людей, которые жили во времена русского поэта

(Б) современников Алекса и Луиса

(В) известных художников

28. Алекс узнал о выставке _____ .

(А) от своего друга

(Б) из программы «Новости культуры»

(В) от прохожего

29. Вчера Анвар был _____ .

(А) в Музее А.С. Пушкина

(Б) в Музее изобразительных искусств имени А.С. Пушкина

(В) в гостях у Луиса

30. От метро до Музея А.С. Пушкина можно дойти _____ .

(А) за полчаса

(Б) за двенадцать минут

(В) минут за десять

Субтест 4. ПИСЬМО

Инструкция к выполнению теста

- Время выполнения теста – 60 минут.
- При выполнении теста можно пользоваться словарём.
- Тест состоит из 2 заданий.

Задание 1. Вас интересует проблема экологии. Прочитайте текст и изложите письменно свою точку зрения по следующим вопросам:

1. Почему в последнее время появилось много книг и статей учёных и журналистов об экологических проблемах?
2. Что нужно сделать, чтобы улучшить экологическую ситуацию?
3. К какому выводу пришли участники конференции по охране окружающей среды, которая состоялась в 1989 году в Москве?
4. Какие проблемы решает организация «Международный Зелёный Крест»?
5. Как вы считаете, нужна ли «Декларация прав природы»?

Зелёный крест

Когда по улице с большой скоростью едет машина и на ней нарисован красный крест, мы понимаем, что где-то случилось несчастье: заболел человек, и к нему едет скорая помощь. Но куда и какая машина должна ехать, если заболела природа?

В последнее время появилось много книг, статей, в которых люди пишут о природе и её проблемах. Экологическая ситуация в мире становится хуже. Природа больна, и ей нужно помочь. Но между словами и делами многих людей, которые говорят об экологическом кризисе, мы видим огромную дистанцию. Если спросить любого человека, хочет ли он, чтобы в городе был чистый воздух, он ответит: «Да». Но если попросить его отказаться от личной машины, он не согласится это сделать, хотя автомобиль является главным загрязнителем воздуха. Выход из этой ситуации найти можно. В недалёком будущем уменьшится производство автомобилей, которые ездят на бензине, и люди пересядут на электромобили. Тогда воздух станет намного чище.

Конечно, можно много писать, говорить об экологических проблемах, но только слова не спасут природу. Её спасут реальные дела.

Часто мы начинаем понимать важное значение чего-то слишком поздно. Например, сейчас мы говорим: «Многих растений и животных уже нет. Как жаль, что мы не увидим их никогда!» Об этом говорили участники международной конференции по охране окружающей среды, которая состоялась в Москве в 1989 году: «Мы решим многие экологические проблемы, если мы пригласим природу в наш ум, в наши сердца, в наши души». До тех пор пока все люди не поймут важность экологических проблем, экологическая ситуация не улучшится. На этой конференции был сделан вывод о том, что необходимо начать заботиться о природе, нужно начать сотрудничать с ней. На конференции также было принято решение создать международный экологический кодекс, который должен контролировать и регулировать отношения человека и природы во всех регионах планеты. Было предложено создать Совет безопасности окружающей среды, международный центр экологической помощи, который будет называться «Зелёный крест».

В 1993 году в Рио-де-Жанейро в Бразилии была создана международная экологическая организация, которую основал лауреат Нобелевской премии мира Михаил Горбачёв. Её название – «Международный Зелёный Крест». Официально «Международный Зелёный Крест» был учреждён в Японии, в Киото, 18 апреля 1993 года. Штаб-квартира «Международного Зелёного Креста» расположена в Женеве, в

Швейцарии, а филиалы имеются в тридцати странах мира: в США, в странах Латинской Америки, в Западной и Восточной Европе, в России, Белоруссии, Японии и Пакистане.

Организация «Международный Зелёный Крест» была создана по модели организации «Международный Красный Крест». Но эта организация занимается экологическими проблемами, а не медицинскими. Её деятельность направлена на защиту природы. Она занимается решением многих экологических проблем, ликвидацией последствий войн и военных конфликтов. Эта организация имеет следующие цели: обеспечить безопасное будущее планеты, заниматься экологическим воспитанием людей.

Она играет большую роль в защите природы и оказывает ей реальную экологическую помощь.

Мы знаем, что есть «Декларация прав человека», которую приняла Организация Объединённых Наций (ООН) ещё в 1948 году, но в настоящее время необходимо принять «Декларацию прав природы». Природа просит защитить её. Необходимо очищать воздух, которым мы дышим, и воду, которую мы пьём. Нужно беречь землю и лес, которые нас кормят, лечат и одевают.

Придёт время, когда экологическая помощь будет хорошо организована, и мы сможем увидеть на улице машину с зелёным крестом или в воздухе самолёт с зелёным крестом. Тогда мы поймём, что случилось несчастье: заболела природа, и к больной природе спешит скорая помощь.

Задание 2. Студент(-ка) окончил(-а) с отличием один из российских вузов и уехал(-а) на родину. В России у него (неё) остался(-ась) русский (русская) друг (подруга). Студент(-ка) пишет письмо, в котором хочет пригласить своего друга (свою подругу) приехать в гости. Для письма можно использовать следующий план:

1. формула начала письма.
2. воспоминания о совместной жизни и учёбе в Москве.
3. жизнь и работа (учёба) на родине.
4. занятия в свободное время.
5. приглашение другу (подруге) приехать в гости.
6. формула окончания письма.

Ваше письмо должно содержать не менее 20 предложений.

Субтест 5. ГОВОРЕНИЕ

Инструкция к выполнению теста

- Время выполнения теста – 60 минут.
- Тест состоит из 4 заданий (13 позиций).
- При выполнении заданий 3 и 4 можно пользоваться словарём.
- Ваши ответы записываются на плёнку.

**Инструкция к выполнению задания 1
(позиции 1–5)**

- Время выполнения задания – до 5 минут.
- Задание выполняется без предварительной подготовки.
- Вам нужно принять участие в диалогах. Вы слушаете реплику тестирующего преподавателя и даёте ответную реплику. Если вы не успеете дать ответ, не задерживайтесь, слушайте следующую реплику.
- Помните, что вы должны дать полный ответ (ответы «да», «нет» не являются полными).

Задание 1 (позиции 1–5). Примите участие в диалогах. Ответьте на реплики собеседника.

1. – Настя, я знаю, что ты часто ходишь в интернет-кафе. Скажи, пожалуйста, сколько там стоит час работы?
   – _____ .

2. – Андрей, ты не забыл, что скоро у Кати день рождения?
   – _____ .
   – Что ты хочешь ей подарить?

– _____ .

– А цветы? Ты знаешь, какие цветы она любит?

– _____ .

3. – Рита, я знаю, что вчера ты была в театре. Скажи, в какой театр ты ходила и где он находится?

– _____ ..

– А что ты смотрела?

– _____ .

– Тебе понравился спектакль?

– _____ .

4. – Даша! У меня нет денег на мобильном телефоне. Скажи, пожалуйста, где я могу положить деньги на телефон?

– _____ .

– А где здесь есть терминал?

– _____ .

– Спасибо.

– _____ .

5. – Ира, ты не забыла, что Сергей и Антон пригласили нас вечером в клуб «Диско»?

– _____ .

– Ты не знаешь, как туда быстрее добраться?

– _____ .

– Давай встретимся у входа в клуб!

– _____ .

– Во сколько?

– _____ .

– До встречи!

– _____ .

Инструкция к выполнению задания 2
(позиции 6–10)

- Время выполнения задания – до 8 минут.

- Задание выполняется без предварительной подготовки. Вам нужно принять участие в 5 диалогах. Вы знакомитесь с ситуацией и после этого начинаете диалог, чтобы решить поставленную задачу. Если одна из ситуаций покажется вам трудной, переходите к следующей ситуации.

Задание 2 (позиции 6–10). Познакомьтесь с описанием ситуации. Начните диалог.

6. Вам нужно постричься. Вы пришли в парикмахерскую. Объясните мастеру, что вы хотите. Спросите, сколько стоит стрижка.

7. Вы планируете поехать в Санкт-Петербург. Купите в кассе билеты на поезд.

8. Вы плохо себя чувствуете и пришли к врачу. Объясните ему, что у вас болит. Попросите врача порекомендовать вам лекарство и спросите, как его принимать.

9. Скоро Рождество. Пойдите в магазин и купите родным и знакомым подарки. Спросите продавца, что лучше купить, и узнайте о цене рождественских подарков.

10. Вы пришли на лекцию, но перепутали аудиторию и не знаете, где сейчас занимается ваша группа. Пойдите в деканат и спросите у секретаря об изменениях в расписании, уточните номер аудитории, в которой сейчас идёт лекция.

Инструкция к выполнению задания 3
(позиции 11, 12)

- Время выполнения задания – до 25 минут (15 минут – подготовка, 10 минут – ответ). При подготовке задания можно пользоваться словарём.

Задание 3 (позиции 11, 12). Прочитайте рассказ о любви известного русского поэта Александра Грибоедова и грузинской девушки Нины Чавчавадзе. Кратко передайте его содержание.

ЛЮБОВЬ И ВЕРНОСТЬ

Все знают, что в России всегда жили смелые мужчины и красивые, верные, добрые женщины. Можно рассказать много интересных историй о любви и верности русских женщин своим мужьям.

Россия – огромная страна. В ней живут люди разных национальностей. Они всегда жили в дружбе и согласии. Браки между людьми разных национальностей в России не редкость, а обычное явление.

Эта история произошла почти 200 лет назад. Грузинский князь Чавчавадзе в молодости жил и служил в Санкт-Петербурге. Когда князь женился, он вернулся на родину, в Грузию, в город Тифлис (сейчас город Тбилиси, столица Грузии). Князь Чавчавадзе был образованным человеком, поэтом, писал стихи на русском и грузинском языках. Он дружил со многими русскими писателями и поэтами. Знал он и Александра Грибоедова – русского аристократа, известного поэта, композитора и прекрасного дипломата.

В начале XIX века Россия воевала с Персией (Ираном) и Турцией за Кавказ. Отношения между Россией и Ираном, который в то время назывался Персией, были сложными, поэтому русский царь решил послать туда одного из своих лучших дипломатов – Александра Грибоедова, работавшего там несколько лет назад секретарём русского посольства и хорошо знавшего эту страну, её историю и культуру.

В 1822 году молодой дипломат получил отпуск и поехал из Ирана в Санкт-Петербург через Тифлис. Там он сделал остановку, чтобы встретиться с друзьями. Александр Грибоедов посетил и князя Чавчавадзе. Хозяин дома, зная таланты Грибоедова не только в политике, но и в музыке, сразу же попросил его послушать, как играет на рояле его дочь Нина, которой в то время было 12 лет. Александр Грибоедов обратил внимание на умную и красивую девочку и дал ей несколько уроков музыки.

Как же удивился Грибоедов, когда через четыре года снова увидел её! Это была уже не девочка, а прекрасная девушка.

Нине было пятнадцать с половиной лет. Она была очень красива. Александр сразу влюбился в Нину. Дочь князя тоже полюбила известного дипломата и талантливого поэта.

В то время девушки в 16 лет могли выходить замуж, поэтому через несколько месяцев Нина и Александр поженились. Грибоедов был старше Нины на 16 лет. Ему было 32 года.

После свадьбы молодожёны отправились в Персию, где работал муж. Там они жили в городе Тавриде, недалеко от русской границы. Александр Грибоедов часто ездил в командировки в Тегеран, столицу Ирана. И благодаря его работе между двумя странами был заключён мир. Этот мирный договор был очень важным и нужным для России. В России царь и правительство были довольны работой Грибоедова в Персии.

Скоро Нина поняла, что у неё будет ребёнок. В это время Александр, который был послом России в Персии, снова уехал по дипломатическим делам в Тегеран. Там он был убит. Это событие, конечно, ухудшило отношения между странами. Чтобы избежать войны с Россией, иранский монарх послал русскому царю самый большой в мире бриллиант. Сейчас он хранится в музее «Эрмитаж» в Санкт-Петербурге.

После убийства Грибоедова друзья не хотели говорить Нине о смерти мужа, так как она ждала ребёнка. Когда же она узнала об этом, от горя она потеряла ребёнка. После этого трагического события молодая женщина долго болела и находилась между жизнью и смертью. Но молодость победила болезнь, потому что Нине в это время было всего 17 лет.

Никто не мог заменить Нине её любимого мужа. Она никогда больше не вышла замуж и всю жизнь прожила одна, помогая своим сёстрам воспитывать их детей.

На могиле мужа она поставила красивый памятник с надписью по-русски: «Имя и дела твои бессмертны в памяти русской, но для чего пережила тебя любовь моя?»

Когда Нине Чавчавадзе было 46 лет, она заболела и умерла. Похоронили её рядом с мужем.

На могилу Александра и Нины Грибоедовых сейчас часто приходят влюблённые и молодожёны. Они приносят цветы и долго стоят здесь, на горе, мечтая о будущем. Отсюда открывается прекрасный вид на город Тбилиси, столицу Грузии.

Так жизнь Нины и Александра стала легендой, примером любви и верности.

Нужно сказать о том, что Александр Грибоедов был не только талантливым дипломатом. Он был и талантливым поэтом. Грибоедов написал прекрасную комедию в стихах «Горе от ума». Ученики изучают её в российских школах, а студенты-филологи – в университетах.

Александр Грибоедов был также композитором. Он написал замечательный вальс, который так и называется – «Вальс Грибоедова».

Жизнь талантливых людей часто бывает необычной, она сама становится поэмой, романом, легендой или темой для фильма.

11. Как вы думаете, в чём заключается основная идея текста?

12. Что значат для вас такие чувства человека, как любовь и верность?

Инструкция к выполнению задания 4
(позиция 13)

- Время выполнения задания – до 20 минут (10 минут – подготовка, 10 минут – ответ).
- Вы должны подготовить сообщение на предложенную тему. Вы можете составить план сообщения, но не должны читать своё сообщение.

Задание 4 (позиция 13). Вы работаете в туристической фирме. К вам пришёл клиент, который хочет получить информацию о летних турах. Заинтересуйте его. Подготовьте рекламу одного из туров.

Вы можете рассказать:
- об истории города;
- о музеях и исторических памятниках;
- о театрах и кинотеатрах;
- о колледжах и университетах;
- о стадионах и бассейнах;
- о ресторанах и магазинах;
- о природе и климате города;
- о стоимости билета на самолёт, о скидках для студентов, детей и пенсионеров и т. д.

В вашем рассказе должно быть не менее 20 фраз.

2부 정답

Контрольные матрицы

ЛЕКСИКА. ГРАММАТИКА

어휘, 문법 영역 정답

МАКСИМАЛЬНОЕ КОЛИЧЕСТВО БАЛЛОВ ЗА ТЕСТ – 165

ЧАСТЬ 1				
1	А	**Б**	В	Г
2	А	Б	**В**	Г
3	А	**Б**	В	Г
4	**А**	Б	В	Г
5	**А**	Б	В	Г
6	А	Б	**В**	Г
7	**А**	Б	В	Г
8	А	**Б**	В	Г
9	А	**Б**	В	Г
10	А	Б	**В**	Г
11	А	**Б**	В	Г
12	А	**Б**	В	Г
13	**А**	Б	В	Г
14	А	**Б**	В	Г
15	А	**Б**	В	Г
16	**А**	Б	В	Г
17	А	Б	**В**	Г

18	А	Б	**В**	Г
19	А	**Б**	В	Г
20	А	**Б**	В	Г
21	А	Б	**В**	Г
22	**А**	Б	В	Г
23	А	**Б**	**В**	Г
24	**А**	Б	**В**	Г
25	**А**	Б	**В**	Г

ЧАСТЬ 2				
26	А	**Б**	В	Г
27	А	Б	В	**Г**
28	А	Б	В	**Г**
29	А	Б	**В**	Г
30	А	**Б**	В	Г
31	**А**	Б	В	Г
32	А	**Б**	В	Г
33	**А**	Б	В	Г
34	А	Б	В	**Г**

№	А	Б	В	Г
35		**Б**		
36	**А**			
37			**В**	
38			**В**	
39	**А**			
40				**Г**
41		**Б**		
42			**В**	
43				**Г**
44		**Б**		
45	**А**			
46	**А**			
47		**Б**		
48				**Г**
49		**Б**		
50		**Б**		
51		**Б**		
52	**А**			
53				**Г**
54				**Г**
55			**В**	
56		**Б**		
57				**Г**
58			**В**	

№	А	Б	В	Г
59			**В**	
60			**В**	
61		**Б**		
62			**В**	
63			**В**	
64		**Б**		
65	**А**			
66			**В**	
67		**Б**		
68			**В**	
69		**Б**		
70		**Б**		
71		**Б**		
72		**Б**		
73			**В**	
74		**Б**		
75	**А**			
76		**Б**		
77			**В**	

ЧАСТЬ 3

№	А	Б	В	Г
78		**Б**		
79	**А**			
80			**В**	
81	**А**			

#						#				
82	**А**	Б	В	Г		106	**А**	Б		
83	А	Б	**В**	Г		107	А	**Б**		
84	А	**Б**	В	Г		108	**А**	Б		
85	**А**	Б	В	Г		109	А	**Б**		
86	А	**Б**	В	Г		110	**А**	Б		
87	**А**	Б	В	Г		111	А	**Б**		
88	А	**Б**	В	Г		112	**А**	Б		
89	А	**Б**	В	Г		113	А	**Б**		
90	А	**Б**	В	Г		114	**А**	Б		
91	А	**Б**	В	Г		115	**А**	Б		
92	А	Б	**В**	Г		116	А	Б	**В**	Г
93	А	Б	**В**	Г		117	А	**Б**	В	Г
94	А	**Б**	В	Г		118	**А**	Б	В	Г
95	А	**Б**	В	Г		119	А	Б	**В**	Г
96	А	**Б**	В	Г		120	А	**Б**	В	Г
97	А	**Б**	В	Г		121	**А**	Б	В	Г
98	**А**	Б				122	**А**	Б	В	Г
99	А	Б				123	А	Б	В	**Г**
100	**А**	Б				124	А	Б	**В**	Г
101	**А**	Б				125	А	Б	**В**	Г
102	**А**	Б				126	А	**Б**	В	Г
103	А	**Б**				127	**А**	Б	В	Г
104	А	**Б**				128	А	Б	**В**	
105	А	**Б**				129	А	**Б**	В	

	ЧАСТЬ 4			
130	А	Б	В	**Г**
131	**А**	Б	В	Г
132	А	Б	**В**	Г
133	А	**Б**	В	Г
134	А	Б	**В**	Г
135	**А**	Б	В	Г
136	**А**	Б	В	Г
137	А	Б	**В**	Г
138	А	**Б**	В	Г
139	А	**Б**		
140	**А**	Б		
141	А	**Б**		
142	**А**	Б		
143	А	**Б**		
144	А	**Б**		
145	А	Б	**В**	Г
146	А	**Б**	В	Г
147	**А**	Б	В	Г
148	А	**Б**	В	Г
149	**А**	Б	В	Г
150	А	Б	**В**	Г
151	А	**Б**	В	Г
152	**А**	Б	В	Г

153	А	Б	В	**Г**
154	А	Б	**В**	Г
155	А	Б	В	**Г**
156	А	**Б**	В	Г
157	А	Б	**В**	Г
158	А	Б	**В**	Г
159	А	**Б**		
160	А	**Б**		
161	А	**Б**		
162	**А**	Б		
163	А	**Б**	В	Г
164	**А**	Б	В	Г
165	А	Б	В	**Г**

ЧТЕНИЕ

읽기 영역 정답

МАКСИМАЛЬНОЕ КОЛИЧЕСТВО БАЛЛОВ ЗА ТЕСТ – 140

№	А	Б	В
1	А	**Б**	В
2	**А**	Б	В
3	А	Б	**В**
4	А	**Б**	В
5	А	Б	**В**
6	**А**	Б	В
7	А	**Б**	В
8	**А**	Б	В
9	А	**Б**	В
10	А	Б	**В**
11	А	Б	**В**
12	А	Б	**В**
13	А	Б	**В**
14	**А**	Б	В
15	А	**Б**	В
16	**А**	Б	В
17	А	**Б**	В
18	**А**	Б	В
19	А	Б	**В**
20	А	Б	**В**

АУДИРОВАНИЕ

듣기 영역 정답

МАКСИМАЛЬНОЕ КОЛИЧЕСТВО БАЛЛОВ ЗА ТЕСТ – 120

№	Ответ
1	Б
2	А
3	В
4	В
5	А
6	Б
7	А
8	В
9	А
10	Б
11	А
12	А
13	В
14	Б
15	А
16	Б
17	А
18	А
19	Б
20	А
21	А
22	Б
23	В
24	А
25	В
26	В
27	А
28	Б
29	Б
30	В

녹음 원문

Задания 1–5. **Прослушайте аудиотекст 1 – историю из жизни маленького мальчика Димы. Постарайтесь понять, почему он хотел обменять квартиру и переехать жить в старый район. Выполните задания к аудиотексту.**

АУДИОТЕКСТ 1

Дима пришёл из школы очень грустный. Его семья недавно живёт в этом новом районе Москвы. Здесь есть река, лес, большое поле, где можно играть в футбол. В новой школе у Димы уже есть хорошие друзья. Всё прекрасно в новом районе, но… здесь нет цирка. А Дима очень любит цирк. Раньше Дима жил в центре Москвы. Их дом был рядом с цирком. Он ходил в цирк очень часто. Там ему нравилось всё: и весёлые артисты, и умные животные, и громкая музыка. Там всегда было весело и интересно. Сейчас Дима учится в пятом классе, он мечтает стать артистом цирка, когда окончит школу. Но теперь цирк далеко. Что делать?

Дима долго думал и наконец решил: «Я напишу много объявлений о том, что мы хотим поменять квартиру. Может быть, кто-то хочет жить в новом районе, а нам нужно обязательно вернуться в наш старый район. Но сейчас папе и маме нельзя говорить об этом. Потом, когда будет хороший вариант обмена квартиры, я всё расскажу им». На следующий день Дима поехал в центр Москвы. Он везде повесил свои объявления: «Нужна квартира рядом с цирком. Звонить после обеда, спросить Диму. Телефон 125-13-01». Потом Дима вернулся домой и начал ждать.

Вечером телефон звонил очень часто. Папа и мама не могли понять, кто звонит их сыну весь вечер. Так прошло три месяца. Дима начал получать в школе только отличные отметки, потому что теперь после обеда он всегда был дома, сидел около телефона и… готовил уроки. Телефон звонил очень часто, но нужного варианта обмена квартиры не было.

Однажды, когда Дима возвращался из школы, он увидел, что около их дома начали строить новое здание. Рядом висело большое объявление. Дима, как всегда, очень спешил домой, поэтому он не прочитал его. Вечером, когда отец Димы пришёл домой, он сказал сыну: «Не понимаю, почему ты дома! Все дети сейчас гуляют, играют в футбол, а твой друг теперь телефон». Дима грустно ответил: «Мне не нравится здесь гулять, здесь нет цирка». «Как! – закричал папа. – Ты ничего не знаешь? Почему ты не прочитал большое объявление? На поле рядом с нашим домом будут строить цирк!»

Задания 6–10. Прослушайте аудиотекст 2 – историю из жизни одного русского бизнесмена. Постарайтесь понять, что случилось с ним во время поездки. Выполните задания к аудиотексту.

АУДИОТЕКСТ 2

Эту историю рассказал один молодой бизнесмен из Петербурга. Он очень любил путешествовать и каждый год отдыхал в разных странах. Он был в Англии, в Италии. Несколько раз посещал Францию, потому что очень полюбил Париж. Однажды он путешествовал по Голландии. Все знают, что для того, чтобы хорошо познакомиться со страной, узнать её культуру и людей, надо знать язык этой страны. Но молодой человек говорил только по-русски, поэтому он пошёл в российское посольство в Амстердаме и попросил дать ему переводчика. В посольстве его познакомили с одной девушкой, которая хорошо говорила по-русски. «Четыре-пять дней я буду свободна и могу показать вам голландские города, музеи и театры. Я с удовольствием буду вашим переводчиком», – сказала девушка бизнесмену.

Молодой человек и девушка стали друзьями. Девушка рассказала ему о себе. Он узнал, что она учится в университете, а по вечерам работает продавщицей, живёт с родителями недалеко от Амстердама, что её отец работает на заводе, что у неё есть ещё три младшие сестры.

Молодой бизнесмен и девушка ездили по стране, ходили в музеи и театры, гуляли в красивых парках, встречались и разговаривали с разными людьми. Пять дней прошли очень быстро, и молодой человек должен был вернуться домой, в Петербург. Он позвонил девушке, и они решили последний раз встретиться в 6 часов вечера на центральной площади столицы. Молодой человек хотел сделать девушке подарок. Но он не знал, что можно ей подарить: духи, конфеты, цветы?

Точно в 6 часов бизнесмен пришёл на площадь. Там было очень много людей. Везде продавали прекрасные цветы. Поэтому он купил большой букет и стал ждать девушку. Но её не было.

И вдруг он увидел свою переводчицу. Она стояла недалеко от него и продавала цветы. «Какой я глупый! Я купил цветы продавщице цветов. Почему я раньше не спросил её, что она продаёт?» – подумал бизнесмен. Но было уже поздно покупать что-то другое, потому что девушка тоже увидела его. Молодой человек подошёл к ней и отдал ей букет. «Это мне? – удивилась она. – Какой красивый букет!» – «Извините, но я не знал, что вы продаёте цветы», – сказал молодой человек. Девушка грустно улыбнулась. «Вы знаете, мне никто никогда не дарил цветы. Это первый букет в моей жизни, а я продаю цветы с десяти лет», – сказала девушка.

Задания 11–15. Прослушайте аудиотекст 3 – рассказ о конкурсе. Постарайтесь понять, о каком конкурсе идёт речь в данной статье. Выполните задания к аудиотексту.

АУДИОТЕКСТ 3

Недавно в Российском университете дружбы народов проходил конкурс по русскому языку. Это интересная интеллектуальная игра, которую организовал журналист Иван Клименко. До 2012 года эта игра проводилась уже два раза. В 2010 году она проходила в честь пятидесятилетия полёта Юрия Гагарина в космос. В 2011 году эта игра проходила в честь трёхсотлетия со дня рождения великого русского учёного Михаила Васильевича Ломоносова.

В России 2012 год был Годом российской истории, поэтому многие задания этого конкурса были связаны с историей России и, конечно, с русским языком. Сама игра проводилась с 14 мая в Интернете. В ней мог принять участие каждый человек, который хотел проверить свои знания в русском языке. Правила игры были нетрудные, их можно было прочитать на сайте в Интернете. В игре было 18 уровней, и победителем становился тот, кто набирал наибольшее количество баллов.

Победителями среди иностранцев стали Лаура из Венгрии и Алекс из Германии. В конкурсе также принимали участие русские школьники и студенты. Победители получили призы и подарки.

В конкурсе на знание русской истории и русского языка участвовало около тысячи человек, которые живут в Америке, в Австралии и в других странах. Это говорит о том, что в мире существует большой интерес к России.

Эта игра была организована для студенческой молодёжи, но среди игроков были и школьники, и люди старшего возраста. Благодаря этому конкурсу у его участников развивается интерес к истории и культуре России и русскому языку.

Сейчас уже существует новый проект этой игры. Он будет труднее первого конкурса и пройдёт в восьми городах: в Москве, Санкт-Петербурге, Липецке, Минске и в других городах. Начало игры планируется на первые числа марта 2013 года, а победителей поздравят 6 июня, в День русского языка.

Первый конкурс по русскому языку показал, что игра прошла с хорошими результатами. Конкурс на знание истории России и русского языка понравился многим людям, которые интересуются изучением русского языка и хотят больше узнать о России. Если вы хотите проверить свои знания по русскому языку и истории России, примите участие в этом конкурсе.

Задания 16–20. Прослушайте аудиотекст 4 – разговор двух студентов. Постарайтесь понять, что они обсуждали и о чём договорились. Выполните задания к аудиотексту.

АУДИОТЕКСТ 4

(диалог)

Игорь: Здравствуй, Марина! Давно тебя не видел.

Марина: Привет, Игорь! Рада тебя видеть. У меня сегодня отличный день. Сдала последний экзамен.

Игорь: Экзамен по литературе?

Марина: Нет, экзамен по литературе был вторым, и его наша группа сдала ещё в прошлую пятницу. Третьим экзаменом была история, а сегодня мы сдавали философию. Экзамен был трудный. Нужно было выучить 20 билетов, а в каждом билете по 2 вопроса.

Игорь: Ну ты, конечно, все вопросы давно уже выучила, ты же всегда занимаешься серьёзно и сдаёшь экзамены хорошо.

Марина: Да, многие студенты получили тройки, четвёрки, но, несмотря на то что у меня были трудные вопросы, преподаватель поставил мне пятёрку.

Игорь: Молодец! Что ты собираешься делать после экзаменов? Как всегда, поедешь с родителями на дачу?

Марина: Нет, завтра мы с подругой хотим поехать в одно место, куда давно собирались.

Игорь: Наверное, в Парк культуры?

Марина: Нет, завтра мы хотим поехать на стадион «Лужники» на футбол. Игорь, ты ведь тоже сдал все экзамены и любишь футбол. Хочешь поехать с нами?

Игорь: Спасибо за приглашение, я с удовольствием поеду.

Марина: Вот и отлично. Тогда ждём тебя завтра у выхода из метро на станции «Спортивная» в 11 часов. Не опаздывай!

Игорь: Договорились!

Задания 21–25. Прослушайте аудиотекст 5 – разговор Павла и Светы. Постарайтесь понять, куда они собираются пойти и какую проблему они обсуждают. Выполните задания к аудиотексту.

АУДИОТЕКСТ 5

(диалог)

– Света! Как хорошо, что я тебя встретил! Ты помнишь, что у Виктора завтра день рождения? Он пригласил нас с тобой к себе в гости.

– Конечно, помню, Павел, но я никак не могу решить, что ему подарить.

– Может быть, фотоальбом? Он любит фотографировать.

– Фотоальбом – это хорошо, но ты же знаешь, что Виктор серьёзно занимается спортом. Он хороший спортсмен. Давно увлекается теннисом. На теннисный корт ходит почти каждый день.

– Света, а разве ты не знаешь, что ещё Виктор любит играть в шахматы? Обычно вечером он со своим отцом играет в шахматы и раз в неделю ходит в шахматный клуб.

– Конечно, знаю. Но что же ему подарить, Павел, теннисную ракетку или шахматы?

– Послушай, Света. Вчера мы с ним возвращались домой после концерта, и Виктор вдруг сказал, что хочет научиться играть на гитаре и петь, как ребята из рок-группы, которая выступала на концерте. Нам особенно понравилась песня, которую пела девушка. Она пела и играла на рояле, а молодой человек играл на скрипке.

– Вот это интересно! Виктор – и музыкант?! Павел, может быть, мы подарим ему гитару?

– Ты знаешь, это хорошая идея! Давай сходим в магазин и купим ему гитару.

– Я согласна.

Задания 26–30. Прослушайте аудиотекст 6 – разговор Алекса и Луиса. Постарайтесь понять, куда и с кем ходил Луис. Выполните задания к аудиотексту.

АУДИОТЕКСТ 6
(диалог)

Алекс: Луис, привет! Как дела?

Луис: Здравствуй, Алекс. Всё нормально. А у тебя?

Алекс: Спасибо, хорошо. Что нового?

Луис: У меня есть интересная информация. Ты помнишь моего брата Мигеля? Он учится в МГУ.

Алекс: Конечно, помню. Ты меня познакомил с ним, когда он приезжал к тебе в гости.

Луис: Да, правильно. Так вот, недавно мы с ним ходили в Музей Пушкина на выставку, которая называется «Портреты современников Пушкина».

Алекс: Тебе понравилась эта выставка? Я о ней услышал, когда смотрел по телевизору передачу «Новости культуры».

Луис: Да, выставка очень интересная, потому что там мы увидели портреты тех людей, которые жили и общались с Пушкиным. Да и сам музей нам очень понравился. Я думаю, тебе тоже будет интересно пойти туда.

Алекс: Спасибо за совет. Я собирался туда пойти. Скажи, а как туда доехать? Ты знаешь точный адрес этого музея? Вчера с моим соседом по комнате Анваром произошла очень странная история. Он тоже хотел пойти на эту выставку, но почему-то пришёл совсем в другой музей. Вместо Музея А.С. Пушкина он пришёл в Музей изобразительных искусств. Там он увидел много красивых картин известных художников, но ничего не узнал о жизни поэта.

Луис: Ты разве не знаешь, что в Москве два музея Пушкина? Один музей рассказывает о жизни и произведениях великого русского поэта, а другой музей просто называется Музей изобразительных искусств имени Пушкина. Конечно, в этом музее ты ничего не узнаешь о жизни поэта. Твой друг перепутал выходы со станции метро. Он приехал на станцию «Кропоткинская», но вышел не на Кропоткинскую улицу, а на улицу Волхонка. Запомни, тебе надо выходить из метро на Кропоткинскую улицу. В доме номер 12 находится Музей А.С. Пушкина. Если перепутаешь выход, спроси у кого-нибудь. Люди тебе обязательно помогут.

Алекс: Большое спасибо. Теперь я обязательно пойду на эту выставку. Да, а далеко музей от метро?

Луис: Нет, рядом. Я думаю, ты дойдешь минут за десять. Когда сходишь туда, обязательно расскажи.

Алекс: Конечно, расскажу. Ну, пока, Луис, до встречи!

Луис: Пока, Алекс!

ПИСЬМО

쓰기 영역 예시 답안

На каждый вопрос предлагается исчерпывающий ответ. За тестирующимся остаётся право выбрать фразы, наиболее соответствующие, по его мнению, содержанию вопроса.

Задание 1. Вас интересует проблема экологии. Прочитайте текст и изложите письменно свою точку зрения по следующим вопросам.

Первый вариант ответа

1. Почему в последнее время появилось много книг и статей учёных и журналистов об экологических проблемах?

В последнее время люди стали больше думать о том, в какой среде они живут. Сейчас большинство людей меняет своё отношение к природе. Мы знаем, что многих растений и животных уже нет на Земле. Природа, к сожалению, не может защитить себя. Ей нужна экологическая помощь. Для спасения планеты от экологической катастрофы людям необходимо беречь природу, заботиться о ней, найти общий язык с природой. Вот почему в последнее время учёные много пишут об экологии и экологических проблемах. Они предлагают сотрудничать с природой, а не разрушать её.

2. Что нужно сделать, чтобы улучшить экологическую ситуацию?

Экологическая ситуация на нашей планете с каждым годом становится всё хуже и хуже. Только реальные дела могут спасти природу. Все знают, что автомобиль делает воздух грязным. Но никто не хочет отказаться от личного автомобиля и от производства машин. Выход можно найти, если увеличить производство электромобилей. Конечно, экологически правильным решением является организация службы, которая помогает природе. Такой организацией является «Международный Зелёный Крест».

3. К какому выводу пришли участники конференции по охране окружающей среды, которая состоялась в 1989 году в Москве?

Участники московской конференции по охране окружающей среды считают, что природу можно спасти, если люди начнут заботиться и думать о ней, если откроют для природы свои сердца и души. Экологи-ческая ситуация на нашей планете улучшится, если это поймут все люди на Земле и если они начнут сотрудничать с природой и перестанут вредить ей. На этой конференции участники приняли решение о создании международного экологического кодекса, закона, который будет контролировать и регулировать отношения между природой и человеком. Было решено также создать международный центр экологической помощи «Зелёный Крест» и Совет безопасности окружающей среды.

4. Какие проблемы решает организация «Международный Зеленый Крест»?

«Международный Зелёный Крест», филиалы которого находятся в 30 странах мира, занимается решением экологических проблем. Эта организация также помогает людям выжить и вернуться к нормальной жизни после войны и военных конфликтов. В её работу входит экологическое воспитание людей. «Международный Зелёный Крест» играет большую роль в защите природы и оказывает ей реальную экологическую помощь.

5. Как вы считаете, нужна ли «Декларация прав природы»?

В 1948 году Организация Объединённых Наций (ООН) приняла «Декларацию прав человека». Я считаю, что пришло время принять «Декларацию прав природы», потому что природа на нашей планете серьёзно больна и ей нужна помощь. Уже нет многих видов растений и животных. Надо спасать растительный и животный мир, который мы имеем сегодня. Природа просит нас защитить её. Чтобы выжить, люди должны очистить воздух, которым они дышат, воду, которую они пьют. Нужно заботиться о земле и о лесе, которые их кормят, лечат и одевают. Такой защитой для природы может стать документ «Декларация прав природы», который будет работать во всех регионах планеты.

Второй вариант ответа

1. Почему в последнее время появилось много книг и статей учёных и журналистов об экологических проблемах?

В последнее время много пишут и говорят об ухудшении экологической ситуации на всей нашей планете. Природа серьёзно больна. Ей нужны помощь и защита. Земная атмосфера, животный и растительный мир находятся в опасности. Многие виды растений и животных уже давно не существуют на Земле. Всему живому нужна срочная экологическая помощь.

2. Что нужно сделать, чтобы улучшить экологическую ситуацию?

Улучшить экологическую ситуацию могут не слова, а реальные дела людей. Люди должны заботиться о природе так, как они заботятся о детях. Мы знаем, что такие люди работают в организации «Международ-ный Зелёный Крест». Уменьшить загрязнение атмосферы, очистить воздух они предлагают с помощью уменьшения количества автомобилей и увеличения производства электромобилей. Другая важная проблема, которую они решают, – это экологическое образование и воспитание людей, которые живут на Земле.

3. К какому выводу пришли участники конференции по охране окружающей среды, которая состоялась в 1989 году в Москве?

Участники конференции по охране окружающей среды пришли к выводу о том, что с природой необходимо сотрудничать, а не разрушать её. Они говорили о том, что экологические проблемы можно решить только тогда, когда природа будет в умах, в сердцах и в душах людей. До тех пор пока люди не поймут это, экологическая ситуация не улучшится.

4. Какие проблемы решает организация «Международный Зелёный Крест»?

Организацию «Международный Зелёный Крест» основал лауреат Нобелевской премии мира, бывший президент Советского Союза Михаил Горбачёв. Эта организация была создана по модели организации «Между-народный Красный Крест». «Зелёный Крест» занимается защитой природы, решением многих экологических проблем. Члены этой организации учат людей беречь природу и заботиться о ней. Организация «Между-народный Зелёный Крест» играет важную роль в решении экологических проблем на планете Земля.

5. Как вы считаете, нужна ли «Декларация прав природы»?

С моей точки зрения, «Декларация прав природы» нужна, потому что это очень важный документ, который будет защищать природу. Природа на нашей планете больна. Экологическая ситуация каждый год ухудшается. Многих видов растений и животных уже нет на Земле. Декларация поможет очистить воздух, которым дышат люди, а также воду, которую они пьют. Этот документ будет учить людей заботиться о земле и о лесе, которые дают нам пищу, которые нас одевают и лечат.

Задание 2. Студент(-ка) окончил(-а) с отличием один из российских вузов и уехал(-а) на родину. В России у него (неё) остался(-ась) русский (русская) друг (подруга). Студент(-ка) пишет письмо, в котором хочет пригласить своего друга (свою подругу) приехать в гости.

Первый вариант ответа

Дорогой(-ая) Виктор (Наташа)!

Я уже вернулся(-ась) на родину, но очень скучаю по тебе, по России, по университету. Хотя я жил(-а) в Москве только один год, я очень привык(-ла) к тебе, к друзьям, к университету, к городу. Поэтому я очень часто вспоминаю тебя, наших общих друзей и знакомых, наш университет.

У меня сейчас много свободного времени, потому что я ещё не нашёл (нашла) работу. Есть возможность работать в одной фирме переводчиком (переводчицей), но я боюсь, потому что это медицинская фирма, а я плохо знаю медицинские термины. Но я хочу попробовать.

Ты помнишь, что, когда я уезжал(-а), ты обещал(-а) мне приехать в Пекин? Я тебя жду. Думаю, что самое хорошее время года в Пекине – это осень. Приезжай в сентябре. В это время у нас очень красивая природа, тёплая и приятная погода. Мы будем с тобой гулять в парках, ходить по городу. Я покажу тебе наши интересные музеи, красивые дворцы и памятники. Я познакомлю тебя со своими родителями, родственниками, друзьями. Вечером мы можем ходить в театры, в кино или в клубы. Приезжай! В аэропорту я тебя обязательно встречу. Желаю тебе и всем твоим близким всего самого доброго! Передай, пожалуйста, всем знакомым от меня привет! До встречи!

Твой (твоя) Лун (Ясинь)

Второй вариант ответа

Привет, мой (моя) дорогой(-ая) Максим (Света)!

Прошло уже четыре месяца с тех пор, как я вернулся(-ась) на родину. Извини, что так долго не писал(-а) тебе. У меня не было времени, потому что нужно было искать работу. Но я всегда думал(-а) о тебе. Я очень часто вспоминаю нашу жизнь в Москве, друзей, преподавателей. Это было прекрасное время. И я очень скучаю по тебе, по Москве, по университету.

Как только я приехал(-а) в Милан, я сразу начал(-а) искать работу. Три месяца я ничего не мог(-ла) найти, но недавно мне предложили работу в школе, и я согласился(-ась). Теперь я учитель (учительница), преподаю русский язык миланским школьникам. Работа мне очень нравится, у меня хорошие ученики.

Помнишь, ты говорил(-а) мне, что хочешь увидеть Милан? Приезжай ко мне в гости зимой, когда у тебя будут зимние каникулы. Я думаю, что тебе понравится мой родной город. Я покажу тебе школу, в которой работаю, познакомлю с ребятами. Я уже рассказал(-а) им, что 4 года учился(-ась) в Москве и что у меня есть русский(-ая) друг (подруга). Они будут рады познакомиться с тобой и поговорить по-русски. Вечером мы будем гулять по городу, ходить в театры, в кино. Приезжай! Желаю тебе всего хорошего! Передай всем нашим друзьям и знакомым от меня большой привет! Жду тебя.

Твой (твоя) Марио (Джулия)

ГОВОРЕНИЕ
말하기 영역 예시 답안

Задание 1 (позиции 1–5). Примите участие в диалогах. Ответьте на реплики собеседника.

1.

Первый вариант ответа

— Настя, я знаю, что ты часто ходишь в интернет-кафе. Скажи, пожалуйста, сколько там стоит час работы?
— <u>Да, ты права, Светлана, я часто хожу в интернет-кафе. Час работы там днём стоит около 100 рублей, а вечером, конечно, дороже.</u>

Второй вариант ответа

— Настя, я знаю, что ты часто ходишь в интернет-кафе. Скажи, пожалуйста, сколько там стоит час работы?
— <u>Светлана, цена зависит от времени, когда ты хочешь работать: утром, днём или вечером.</u>

2.

Первый вариант ответа

— Андрей, ты не забыл, что скоро у Кати день рождения?
— <u>Нет, не забыл.</u>
— Что ты хочешь ей подарить?
— <u>Может быть, хорошую книгу, конфеты.</u>
— А цветы? Ты знаешь, какие цветы она любит?
— <u>Да, цветы обязательно. Она любит жёлтые розы. Я подарю ей книгу, конфеты и розы.</u>

Второй вариант ответа

— Андрей, ты не забыл, что скоро у Кати день рождения?
— <u>Конечно, я помню об этом.</u>
— Что ты хочешь ей подарить?
— <u>Я подарю ей интересную компьютерную игру и диск с классической музыкой.</u>

– А цветы? Ты знаешь, какие она любит цветы?
– Нет, не знаю. Но розы, я думаю, нравятся всем, поэтому я куплю белые розы и подарю ей компьютерную игру, диск и розы.

3.

Первый вариант ответа

– Рита, я знаю, что вчера ты была в театре. Скажи, в какой театр ты ходила и где он находится?
– Да, я ходила в драматический театр, который находится в центре города.
– А что ты смотрела?
– Я смотрела комедию Шекспира «Сон в летнюю ночь».
– Тебе понравился спектакль?
– Спектакль мне очень понравился, артисты играли прекрасно. Советую тебе посмотреть этот спектакль.

Второй вариант ответа

– Рита, я знаю, что вчера ты была в театре. Скажи, в какой театр ты ходила и где он находится?
– Я ходила в музыкальный театр, который находится недалеко от университета.
– А что ты слушала?
– Я слушала оперу Чайковского «Евгений Онегин».
– Тебе понравилась опера?
– Прекрасная опера, великолепные артисты. Советую тебе обязательно послушать эту оперу.

4.

Первый вариант ответа

– Даша! У меня нет денег на мобильном телефоне. Скажи, пожалуйста, где я могу положить деньги на телефон?
– Виктор, ты можешь положить деньги на телефон в любом терминале.
– А где здесь есть терминал?
– Один есть рядом с магазином «Книги».
– Спасибо.
– Не за что.

Второй вариант ответа

– Даша! У меня нет денег на мобильном телефоне. Скажи, пожалуйста, где я могу положить деньги на телефон?
– Виктор, в Сбербанке есть терминал. Там можно заплатить за телефон.
– А где он находится?
– Сбербанк находится на соседней улице.
– Спасибо.
– Пожалуйста.

5.

Первый вариант ответа

– Ира, ты не забыла, что Сергей и Антон пригласили нас вечером в клуб «Диско»?
– Конечно, не забыла.
– Ты не знаешь, как туда быстрее добраться?
– Нужно ехать до центра на метро, а потом две остановки на автобусе.
– Давай встретимся у входа в клуб!
– Хорошо.
– Во сколько?
– Часов в 7 вечера.
– До встречи!
– Пока!

Второй вариант ответа

– Ира, ты не забыла, что Сергей и Антон пригласили нас вечером в клуб «Диско»?
– Я помню об этом.
– Ты не знаешь, как туда быстрее добраться?
– От университета до клуба «Диско» ходит маршрутка.
– Давай встретимся у входа в клуб!
– Договорились.
– Во сколько?
– Точно в 7 часов.
– До встречи!
– До свидания!

Задание 2 (позиции 6–10). Познакомьтесь с описанием ситуации. Начните диалог.

6. Вам нужно постричься. Вы пришли в парикмахерскую. Объясните мастеру, что вы хотите. Спросите, сколько стоит стрижка.

Первый вариант ответа

– Здравствуйте!
– Доброе утро!
– Я хочу постричься.
– Пожалуйста.
– А сколько стоит стрижка?
– Какая?
– Я хочу постричься коротко.
– Короткая стрижка стоит 600 рублей.
– Спасибо.
– Садитесь, пожалуйста, в кресло.

Второй вариант ответа

– Добрый день, девушка!
– Здравствуйте!
– Мой друг сказал мне, что вы очень хороший мастер. Он посоветовал мне прийти именно к вам.
– Спасибо.
– Скажите, пожалуйста, сколько стоит стрижка?
– Мужская стрижка стоит 700 рублей.
– Хорошо. Постригите меня, пожалуйста!
– Пожалуйста. Но сейчас я занята. Вы можете подождать минут десять?
– Хорошо. Я подожду.

7. Вы планируете поехать в Санкт-Петербург. Купите в кассе билеты на поезд.

Первый вариант ответа

– Доброе утро, девушка!

– Здравствуйте.

– Мне нужно два билета на поезд до Санкт-Петербурга.

– На какое число?

– На 25 августа.

– Хорошо. Поезд «Красная стрела» отправляется в этот день в 23 часа 50 минут.

– Сколько стоит один билет?

– Билет стоит 3200 рублей.

– Дайте, пожалуйста, два билета.

– Мне нужны ваши паспорта.

– Возьмите, пожалуйста.

– Так, два билета на 25 августа, вагон № 4, места 15 и 16. С вас 6 тысяч 400 рублей.

– Возьмите деньги.

– Вот ваши билеты.

Второй вариант ответа

– Доброе утро!

– Здравствуйте!

– Я хочу купить билет на поезд до Санкт-Петербурга.

– Пожалуйста. Когда вы хотите ехать?

– Сегодня после обеда.

– На какой поезд вы хотите купить билеты?

– На «Сапсан» у вас есть билеты?

– Да, конечно.

– Сколько стоит билет?

– Пять тысяч рублей.

– Когда отправляется поезд?

– В 17 часов.

– Хорошо. Дайте, пожалуйста, один билет на этот поезд. Я бы хотел место около окна.

– Ваш паспорт, пожалуйста. Минуточку… Поезд № 178 «Москва – Санкт-Петербург», вагон № 7, место № 15. Поезд отправляется сегодня в 17.00. С Вас пять тысяч рублей.

– Спасибо. До свидания.

8. Вы плохо себя чувствуете и пришли к врачу. Объясните ему, что у вас болит. Попросите врача порекомендовать вам лекарство и спросите, как его принимать.

Первый вариант ответа

– Доброе утро, доктор!

– Здравствуйте! Что случилось?

– У меня уже несколько дней очень болит голова. Посоветуйте, какое лекарство мне купить.

– У вас есть температура?

– Нет, температуры нет.

– Вам нужно купить парацетамол.

– А как принимать лекарство?

– Три раза в день после еды.

– Спасибо, доктор, до свидания!

– Выздоравливайте, до свидания!

Второй вариант ответа:

– Здравствуйте, доктор!

– Добрый день! Что с вами?

– У меня сильно болит горло.

– Покажите горло.

– А-а-а-а-а-а.

– Да, горло красное. Нужно принимать лекарство. Вот рецепт.

– А как принимать это лекарство?

– Три раза в день до еды.

– Спасибо. До свидания!

– Всего хорошего! Поправляйтесь!

9. Скоро Рождество. Пойдите в магазин и купите родным и знакомым подарки. Спросите продавца, что лучше купить, и узнайте о цене рождественских подарков.

Первый вариант ответа

– Добрый день, девушка!

– Здравствуйте! Что вы хотите?

– Мне нужно купить рождественские подарки для мамы и папы.

– Пожалуйста. У нас большой выбор подарков.

– Что вы можете мне посоветовать?

– Я советую вам купить для мамы эти хорошие духи, а для отца – эту интересную книгу.

– Спасибо. Сколько стоят духи?

– Духи стоят 750 рублей.

– А эта книга?

– Книга стоит 400 рублей.

– Спасибо. Я возьму это.

– Платите в кассу.

Второй вариант ответа

– Здравствуйте. Скоро Рождество, я хочу купить подарок для подруги (друга).

– Добрый вечер. Сколько лет вашей подруге (вашему другу)?

– Ей (ему) 25 лет.

– Она (он) любит музыку?

– Да, конечно.

– Я советую вам купить этот диск. Здесь музыка известных современных композиторов.

– Спасибо. А сколько стоит этот диск?

– 350 рублей.

– Хорошо. Я возьму его.

– Что-нибудь ещё?

– Нет, больше ничего. Спасибо.

10. Вы пришли на лекцию, но перепутали аудиторию и не знаете, где сейчас занимается ваша группа. Пойдите в деканат и спросите у секретаря об изменениях в расписании, уточните номер аудитории, в которой сейчас идёт лекция.

Первый вариант ответа

– Здравствуйте, Лариса Анатольевна!

– Доброе утро, Марта!

– Я пришла на лекцию в аудиторию №12, но там нет нашей группы.

– Вы перепутали аудиторию, Марта. Ваша группа занимается в аудитории № 19.

– Большое спасибо.

– Пожалуйста! До свидания!

– До свидания!

Второй вариант ответа

– Доброе утро, Лариса Анатольевна!

– Здравствуйте! Что случилось? Почему вы не на лекции, Анна?

– Я пришла в аудиторию №13, но там занимается другая группа.

– Конечно, Анна. По расписанию ваша группа занимается в аудитории № 30.

– Ой, я всё перепутала.

– Да, перепутали. Идите быстрее на лекцию.

– Спасибо. До свидания!

– До свидания!

Задание 3 (позиции 11, 12). Прочитайте текст о любви известного русского поэта Александра Грибоедова и грузинской девушки Нины Чавчавадзе. Кратко передайте его содержание.

Первый вариант ответа

Этот текст рассказывает о большой любви прекрасной молодой девушки Нины и известного русского дипломата, талантливого поэта и композитора Александра Грибоедова.

Нина была дочерью грузинского князя Чавчавадзе, который в молодости жил в Петербурге. Князь Чавчавадзе был поэтом, писал стихи на русском и грузинском языках. У него было много друзей и знакомых среди русских писателей, художников, музыкантов. Князь был знаком и с Александром Грибоедовым, который в то время, в начале XIX века, работал дипломатом за границей, в Персии (сейчас Иран), в русском посольстве.

Надо сказать, что отношения между Россией и Персией были сложными, потому что Россия воевала с этой страной и Турцией за территорию Кавказа. Для того чтобы контролировать ситуацию, русский царь послал работать туда Александра Грибоедова, одного из лучших русских дипломатов, который раньше уже работал в

Персии и хорошо знал эту страну.

В 1822 году Александр Грибоедов получил отпуск и поехал на родину через Тифлис, столицу Грузии. Там он встретился со своими друзьями и побывал в гостях у князя Чавчавадзе. Князь знал, что Александр был прекрасным музыкантом, и поэтому попросил его послушать, как играет на рояле его дочь Нина. Грибоедов послушал девочку, сказал отцу, что она очень музыкальна, что у неё большие способности и что ей нужно заниматься музыкой. Грибоедов дал ей несколько уроков музыки. Так они познакомились. В то время Нине было 12 лет, она была умной и красивой девочкой.

Через несколько лет они встретились опять. Нина стала прекрасной девушкой, и Александр влюбился в неё. Дочь князя тоже полюбила его. Хотя Грибоедов был старше Нины на 16 лет, они поженились. Молодожёны уехали в Иран, так как Грибоедов продолжал работать там дипломатом.

Он был послом в России и часто ездил в командировки в разные города Персии и в Россию, а Нина ждала его. Однажды он поехал в Тегеран и там был убит. В это время Нина ждала ребёнка. Когда она узнала о смерти мужа, она серьёзно заболела, долго была больна и потеряла ребёнка. В то время ей было только 17 лет. Смерть мужа была для Нины большим горем. Она не могла забыть Александра и поэтому больше не вышла замуж. Нина помогала своим сёстрам воспитывать их детей.

На могиле мужа она поставила красивый памятник с надписью по-русски: «Имя и дела твои бессмертны в памяти русской, но для чего пережила тебя любовь моя?» Всю жизнь Нина прожила одна. В 46 лет она заболела и умерла.

На могилу Александра Грибоедова и Нины и сейчас часто приходят влюблённые и молодожёны. Они приносят цветы. Так жизнь и любовь молодой грузинской девушки и известного русского дипломата, поэта и композитора стали легендой.

Второй вариант ответа

В тексте рассказывается о любви известного русского дипломата, поэта и композитора Александра Грибоедова и грузинской девушки Нины Чавчавадзе.

Эта история произошла почти 200 лет назад. Нина Чавчавадзе была дочерью грузинского князя Чавчавадзе. В молодости князь жил в Петербурге. Он был поэтом, поэтому в Петербурге часто встречался с русскими писателями и поэтами. Знал он и Александра Грибоедова. Потом князь Чавчавадзе вернулся на родину, в Грузию, в город Тифлис, и женился. Сейчас этот город называется Тбилиси. Это столица Грузии.

В начале XIX века Россия воевала с Персией (сейчас Иран) и Турцией за территорию Кавказа. Отношения между Россией и Персией были сложными, поэтому русский царь решил послать туда работать в посольстве одного из лучших русских дипломатов – Александра Грибоедова. Он уже несколько лет работал там и хорошо знал эту страну.

Однажды Александр Грибоедов получил отпуск и поехал в Петербург через Тифлис, так называлась столица Грузии. Там он решил встретиться со своими друзьями. Побывал он в гостях и у князя Чавчавадзе. Там Александр Грибоедов впервые увидел дочь князя Нину, которая, так же как и он, увлекалась музыкой. В то время ей было 12 лет. Отец девочки очень хотел, чтобы Грибоедов послушал, как его дочь играет на рояле. Нина сыграла что-то, и Грибоедов отметил, что девочка очень способная. Он даже дал ей несколько уроков музыки.

Через четыре года они опять встретились. Это была уже не девочка, а прекрасная девушка, в которую Александр сразу влюбился. Нина тоже полюбила его. Они поженились, несмотря на то что он был старше её на 16 лет.

После свадьбы молодожёны уехали в Персию, где Александр Грибоедов продолжал работать. Благодаря его деятельности между Россией и Ираном был заключён мир, поэтому русский царь был очень доволен работой своего посла.

Скоро Нина поняла, что у неё будет ребёнок. Но Александр так и не узнал об этом, потому что был убит. Для Нины это было большое горе. Она была долго и тяжело больна, потеряла ребёнка. В то время ей было только 17 лет.

Всю жизнь Нина прожила одна. Она хранила верность Грибоедову всю жизнь.

На могиле мужа Нина поставила красивый памятник. Когда она умерла, её похоронили рядом с Грибоедовым.

Сейчас на это место часто приходят влюблённые и молодожёны. Они приносят цветы и вспоминают историю настоящей любви грузинки Нины Чавчавадзе и русского поэта, музыканта и дипломата Александра Грибоедова.

11. Как вы думаете, в чём заключается основная идея текста?

Первый вариант ответа

Я думаю, что основная идея текста – любовь и верность друг другу. Любовь Нины и Александра Грибоедова стала легендой, примером для всех влюблённых. Хотя Нина очень рано потеряла своего мужа, она любила его всю жизнь. Её любовь была настоящей, а настоящая любовь не умирает.

Второй вариант ответа

Мне кажется, что основная идея текста заключается в том, что необходимо не только любить друг друга, но и быть верным своей любви.

12. Что значат для вас такие чувства человека, как любовь и верность?

Первый вариант ответа

Мне кажется, что каждый человек мечтает о настоящей, большой любви. Настоящая любовь – это не только сильное чувство, но и верность любимому человеку.

Второй вариант ответа

Когда Александр Грибоедов умер, Нине было только 17 лет. Она могла бы ещё раз выйти замуж. Но всю жизнь Нина прожила одна, она любила своего мужа и хранила ему верность.

Задание 4 (позиция 13). **Вы работаете в туристической фирме. К вам пришёл клиент, который хочет получить информацию о летних турах. Заинтересуйте его. Подготовьте рекламу одного из туров.**

Первый вариант ответа

Я хочу рассказать вам о России и предложить поехать летом в эту интересную страну. Если вы никогда не были там, то, конечно, нужно поехать в Москву, так как Москва – столица Российской Федерации. Это огромный, многомиллионный город. В настоящее время здесь живут около двенадцати миллионов человек.

Москва была основана в 1147 году. Это политический, экономический и культурный центр России. В центре Москвы находится Кремль, где работает глава государства, президент. Раньше в Кремле жили русские цари. Кремль – это прекрасный комплекс соборов, башен, церквей. В Москве также находятся российское правительство и парламент. В городе много известных во всём мире музеев: Третьяковская галерея, Музей изобразительных искусств имени А.С. Пушкина и другие. Здесь же находятся всемирно известный Большой театр, много музыкальных и драматических театров. Москва – город студентов, потому что в столице много высших учебных заведений. На Воробьёвых горах находится Московский государственный университете имени М.В. Ломоносова. В городе есть несколько других крупных университетов.

В настоящее время Москва – важный экономический центр не только России, но и Европы. Здесь работают разные иностранные фирмы, банки, совместные предприятия, заводы и фабрики.

За последние 20 лет Москва очень изменилась: построили и строят современные здания, магазины, гостиницы, кинотеатры, культурные центры, банки, стадионы и многое другое.

Если вы не были в Москве, то я советую вам обязательно поехать туда.

Летом в российской столице тепло. Температура воздуха +25 – +30 градусов. Иногда бывают небольшие приятные дожди. Москва – зелёный город. Здесь много прекрасных парков и садов, а Подмосковье богато красивыми лесами и полями.

Лучше лететь в Москву на самолёте. Пенсионеры, дети и студенты имеют скидки.

Жить можно в гостинице или в квартире. Конечно, если вы будете жить в гостинице, то лучше там же завтракать и ужинать. В ресторанах московских гостиниц готовят очень вкусно. Там есть европейская, азиатская и русская кухня.

В гостинице вам предложат и экскурсионную программу. Советую вам ездить по Москве на автобусе с экскурсоводом. Вы узнаете много интересного об этом городе, о его истории, архитектуре, культуре. Обязательно посетите Большой театр, который известен во всём мире. На сцене Большого театра танцуют и поют замечательные артисты. Русский балет – лучший балет в мире!

Второй вариант ответа

Если вы уже были в Москве, то я советую вам поехать в Санкт-Петербург, который называют северной столицей России. Это очень красивый город.

Санкт-Петербург основал русский царь Пётр I в 1703 году. Это был великий царь-реформатор, который установил экономические (торговые), политические и культурные связи между Россией и Европой. Великий русский поэт А.С. Пушкин написал, что он «в Европу прорубил окно». И это, действительно, правда, так как в Россию в XVIII веке во время правления царя Петра приехали иностранные учёные, архитекторы, музыканты, инженеры, строители, медики, артисты, которые способствовали развитию русского государства.

Санкт-Петербург находится на берегу Балтийского моря. В городе есть широкая река Нева и много небольших рек и каналов, потому что Пётр I хотел построить новый город, который будет похож на Венецию. В Венеции, как вы знаете, итальянцы передвигаются по каналам на лодках.

Сейчас город на Неве – второй по величине город России. Его население – около пяти миллионов человек.

Конечно, Санкт-Петербург – экономический и культурный центр России, так как здесь, как и в Москве, много предприятий, российских и иностранных торговых фирм. В городе также много банков, магазинов, заводов, фабрик.

В Петербурге находятся известные во всём мире музеи: Эрмитаж, Русский музей и другие. Здесь есть всемирно известный Мариинский театр, а также много других хороших театров. В городе есть замечательный университет, много других учебных заведений, где учится молодёжь. Поэтому в Санкт-Петербург едут учиться юноши и девушки не только из разных городов и деревень России, но из других стран Европы, Азии, Латинской Америки, США и Австралии.

Все, кто приезжает в Петербург летом, в июне, хотят увидеть знаменитые белые ночи, когда всю ночь на улицах светло, как днём.

Так как город находится на берегу Балтийского моря, климат здесь влажный, летом не жарко, часто бывают тёплые дожди, дуют ветры. Природа в Санкт-Петербурге очень красивая: много садов и парков, в которых растут красивые деревья и цветы.

Если вы поедете в Санкт-Петербург, то советую вам лететь на самолёте. Для пенсионеров, детей и студентов есть скидки. В городе много хороших гостиниц с удобными номерами. В ресторанах и кафе готовят блюда русской, европейской и азиатской кухни. Конечно, вам предложат интересную экскурсионную программу, потому что в этом городе много интересных мест, которые нужно посмотреть.

Очень советую вам поехать в Санкт-Петербург в мае или июне, чтобы увидеть это необычное явление – белые ночи.

답안지

Рабочие матрицы

ЛЕКСИКА. ГРАММАТИКА

МАКСИМАЛЬНОЕ КОЛИЧЕСТВО БАЛЛОВ ЗА ТЕСТ – 165

Имя, фамилия_____ **Страна**_____ **Дата**_____

ЧАСТЬ 1				
1	А	Б	В	Г
2	А	Б	В	Г
3	А	Б	В	Г
4	А	Б	В	Г
5	А	Б	В	Г
6	А	Б	В	Г
7	А	Б	В	Г
8	А	Б	В	Г
9	А	Б	В	Г
10	А	Б	В	Г
11	А	Б	В	Г
12	А	Б	В	Г
13	А	Б	В	Г
14	А	Б	В	Г
15	А	Б	В	Г
16	А	Б	В	Г
17	А	Б	В	Г

18	А	Б	В	Г
19	А	Б	В	Г
20	А	Б	В	Г
21	А	Б	В	Г
22	А	Б	В	Г
23	А	Б	В	Г
24	А	Б	В	Г
25	А	Б	В	Г
ЧАСТЬ 2				
26	А	Б	В	Г
27	А	Б	В	Г
28	А	Б	В	Г
29	А	Б	В	Г
30	А	Б	В	Г
31	А	Б	В	Г
32	А	Б	В	Г
33	А	Б	В	Г
34	А	Б	В	Г

35	А	Б	В	Г
36	А	Б	В	Г
37	А	Б	В	Г
38	А	Б	В	Г
39	А	Б	В	Г
40	А	Б	В	Г
41	А	Б	В	Г
42	А	Б	В	Г
43	А	Б	В	Г
44	А	Б	В	Г
45	А	Б	В	Г
46	А	Б	В	Г
47	А	Б	В	Г
48	А	Б	В	Г
49	А	Б	В	Г
50	А	Б	В	Г
51	А	Б	В	Г
52	А	Б	В	Г
53	А	Б	В	Г
54	А	Б	В	Г
55	А	Б	В	Г
56	А	Б	В	Г
57	А	Б	В	Г
58	А	Б	В	Г

59	А	Б	В	Г
60	А	Б	В	Г
61	А	Б	В	Г
62	А	Б	В	Г
63	А	Б	В	Г
64	А	Б	В	Г
65	А	Б	В	Г
66	А	Б	В	Г
67	А	Б	В	Г
68	А	Б	В	Г
69	А	Б	В	Г
70	А	Б	В	Г
71	А	Б	В	Г
72	А	Б	В	Г
73	А	Б	В	Г
74	А	Б	В	Г
75	А	Б	В	Г
76	А	Б	В	Г
77	А	Б	В	Г
ЧАСТЬ 3				
78	А	Б	В	Г
79	А	Б	В	Г
80	А	Б	В	Г
81	А	Б	В	Г

#					#				
82	А	Б	В	Г	106	А	Б		
83	А	Б	В	Г	107	А	Б		
84	А	Б	В	Г	108	А	Б		
85	А	Б	В	Г	109	А	Б		
86	А	Б	В	Г	110	А	Б		
87	А	Б	В	Г	111	А	Б		
88	А	Б	В	Г	112	А	Б		
89	А	Б	В	Г	113	А	Б		
90	А	Б	В	Г	114	А	Б		
91	А	Б	В	Г	115	А	Б		
92	А	Б	В	Г	116	А	Б	В	Г
93	А	Б	В	Г	117	А	Б	В	Г
94	А	Б	В	Г	118	А	Б	В	Г
95	А	Б	В	Г	119	А	Б	В	Г
96	А	Б	В	Г	120	А	Б	В	Г
97	А	Б	В	Г	121	А	Б	В	Г
98	А	Б			122	А	Б	В	Г
99	А	Б			123	А	Б	В	Г
100	А	Б			124	А	Б	В	Г
101	А	Б			125	А	Б	В	Г
102	А	Б			126	А	Б	В	Г
103	А	Б			127	А	Б	В	Г
104	А	Б			128	А	Б	В	
105	А	Б			129	А	Б	В	

ЧАСТЬ 4				
130	А	Б	В	Г
131	А	Б	В	Г
132	А	Б	В	Г
133	А	Б	В	Г
134	А	Б	В	Г
135	А	Б	В	Г
136	А	Б	В	Г
137	А	Б	В	Г
138	А	Б	В	Г
139	А	Б		
140	А	Б		
141	А	Б		
142	А	Б		
143	А	Б		
144	А	Б		
145	А	Б	В	Г
146	А	Б	В	Г
147	А	Б	В	Г
148	А	Б	В	Г
149	А	Б	В	Г
150	А	Б	В	Г
151	А	Б	В	Г
152	А	Б	В	Г

153	А	Б	В	Г
154	А	Б	В	Г
155	А	Б	В	Г
156	А	Б	В	Г
157	А	Б	В	Г
158	А	Б	В	Г
159	А	Б		
160	А	Б		
161	А	Б		
162	А	Б		
163	А	Б	В	Г
164	А	Б	В	Г
165	А	Б	В	Г

ЧТЕНИЕ

МАКСИМАЛЬНОЕ КОЛИЧЕСТВО БАЛЛОВ ЗА ТЕСТ – 140

Имя, фамилия_____ **Страна**_____ **Дата**_____

1	А	Б	В
2	А	Б	В
3	А	Б	В
4	А	Б	В
5	А	Б	В
6	А	Б	В
7	А	Б	В
8	А	Б	В
9	А	Б	В
10	А	Б	В
11	А	Б	В
12	А	Б	В
13	А	Б	В
14	А	Б	В
15	А	Б	В
16	А	Б	В
17	А	Б	В
18	А	Б	В
19	А	Б	В
20	А	Б	В

АУДИРОВАНИЕ

МАКСИМАЛЬНОЕ КОЛИЧЕСТВО БАЛЛОВ ЗА ТЕСТ – 120

Имя, фамилия_____ **Страна**_____ **Дата**_____

1	А	Б	В
2	А	Б	В
3	А	Б	В
4	А	Б	В
5	А	Б	В
6	А	Б	В
7	А	Б	В
8	А	Б	В
9	А	Б	В
10	А	Б	В
11	А	Б	В
12	А	Б	В
13	А	Б	В
14	А	Б	В
15	А	Б	В

16	А	Б	В
17	А	Б	В
18	А	Б	В
19	А	Б	В
20	А	Б	В
21	А	Б	В
22	А	Б	В
23	А	Б	В
24	А	Б	В
25	А	Б	В
26	А	Б	В
27	А	Б	В
28	А	Б	В
29	А	Б	В
30	А	Б	В

답안지

ДЛЯ ЗАМЕТОК

ДЛЯ ЗАМЕТОК

러시아어 단계별 종합 교재 시리즈

러시아로 가는 길 시리즈 (청취 CD별매)
단계별 시리즈: 글자배움터, 1단계, 2단계, 3단계

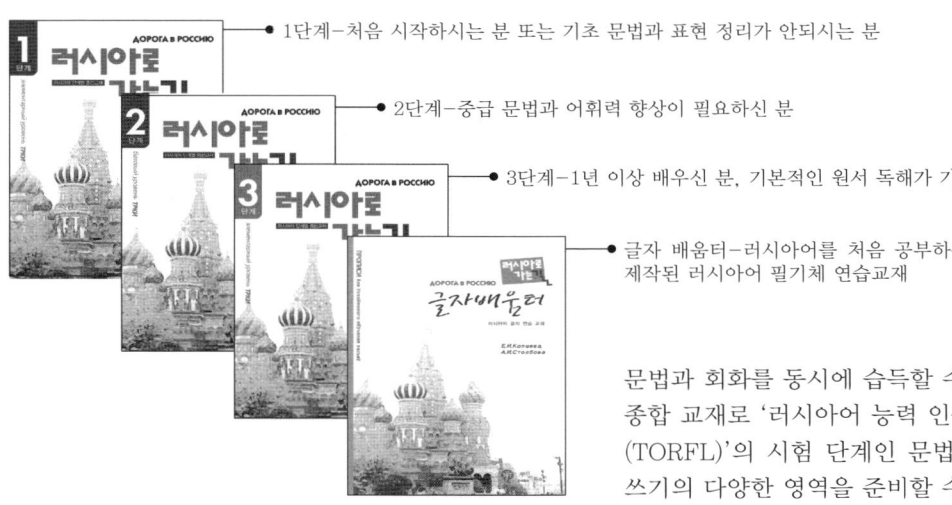

- 1단계–처음 시작하시는 분 또는 기초 문법과 표현 정리가 안되시는 분
- 2단계–중급 문법과 어휘력 향상이 필요하신 분
- 3단계–1년 이상 배우신 분, 기본적인 원서 독해가 가능하신 분
- 글자 배움터–러시아어를 처음 공부하는 분들을 위해 제작된 러시아어 필기체 연습교재

문법과 회화를 동시에 습득할 수 있는 단계별 종합 교재로 '러시아어 능력 인증시험 토르플(TORFL)'의 시험 단계인 문법, 회화, 읽기, 쓰기의 다양한 영역을 준비할 수 있습니다.

러시아어 인텐시브 회화 시리즈
단계별 시리즈: 1단계, 2단계, 3단계, 4단계

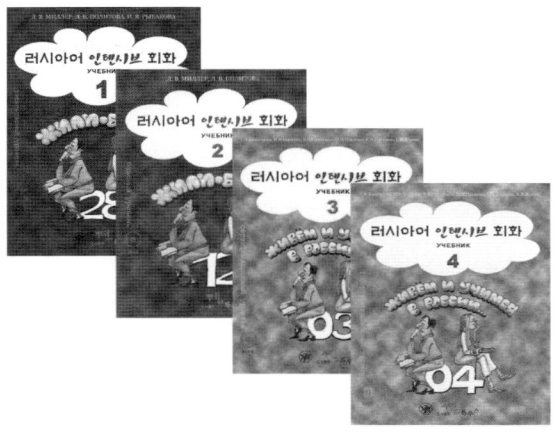

인텐시브 회화 1단계, 2단계는 오디오 자료를 뿌쉬낀 하우스 홈페이지, 출판센터 자료실에서 다운로드할 수 있습니다.
3단계, 4단계 도서에는 CD가 포함되어 있습니다.

단계별로 구성되어 있는 회화 교재를 통해 다양한 표현들을 익혀 창조적인 의사소통이 가능하도록 도와줍니다. 다양한 주제와 문화에 관한 텍스트를 통해 러시아 문화에 대한 이해의 폭을 넓히고, 동시에 실생활에서 사용되는 러시아어의 여러 문제를 익힐 수 있습니다.

러시아 교육문화센터
뿌쉬낀하우스

교육센터 / 문화센터 / 출판센터
Tel. 02)2237-9387   Fax. 02)2238-9388
http://www.pushkinhouse.co.kr